LETTRES DE RUPTURES

LETTRES DE RUPTURES

(18 lettres inédites)

Geneviève Brisac
Jérôme Garcin
Denis Robert
Stéphane Zagdanski
Yves Pagès
Éric Holder
Olivier Adam
Jacques Séréna
Arnaud Viviant
Annie Saumont
Jean-Marie Laclavetine
Yves Bichet
René Fregni
Lydie Salvayre
Marie Darrieussecq
Arnaud Cathrine
Dominique Noguez
Anouar Benmalek

LES NUITS DE LA CORRESPONDANCE / POCKET

ISBN 2-266-12320-3

SOMMAIRE

Geneviève Brisac - *Chère madame ma buraliste...* 7
Jérôme Garcin - *Une décision cavalière* 15
Denis Robert - *Je me sens partir* 23
Stéphane Zagdanski - *Amour mort-né* 31
Yves Pagès - *Dégradation volontaire* 41
Éric Holder - *Je suis parti* 49
Olivier Adam - *Les cartons* 57
Jacques Séréna - *La lettre à Séréna* 67
Arnaud Viviant - *Chers cons* 77
Annie Saumont - *Cher* 83
Jean-Marie Laclavetine - *Jeanne* 93
Yves Bichet - *Vrai, tu fais chier* 101
René Frégni - *Maudit soit le jour* 115
Lydie Salvayre - *Rupture Consommée Avant Attouchement* 125
Marie Darrieussecq - *Chère collègue et amie...* 131
Arnaud Cathrine - *Des fantômes (et toi)* 139
Dominique Noguez - *Lettre de rupture d'un frère siamois* 149
Anouar Benmalek - *Et puis, on m'a téléphoné* 157

SOMMAIRE

Geneviève Brisac - [illegible] ... 7
Jeanne Garcin - Une leçon d'anglais ... 12
[illegible] - [illegible] ... 22
Stéphane Zagdanski - [illegible] ... 31
Yves Pagès - Déclaration [illegible] ... 41
[illegible] - [illegible] ... [illegible]
[illegible] - Les [illegible] ... [illegible]
[illegible] - [illegible] ... [illegible]
[illegible] - [illegible] ... [illegible]
Annie Saumont - [illegible] ... [illegible]
[illegible] - [illegible] ... [illegible]
[illegible] - [illegible] ... 101
[illegible] - [illegible] ... 115
Lydie Salvayre - [illegible] ... [illegible]
[illegible] - [illegible] ... [illegible]
[illegible] - [illegible] ... [illegible]
[illegible] - [illegible] ... [illegible]
[illegible] - [illegible] ... [illegible]

Geneviève Brisac

Chère madame ma buraliste...

Derniers ouvrages parus :

La Marche du cavalier, L'Olivier ; *Pour qui vous prenez-vous ?*, L'Olivier ; *Voir les jardins de Babylone*, L'Olivier ; *Week-End de chasse à la mer*, L'Olivier ; *Petite*, L'Olivier.

Le 02/02/2002, 20 h 02.

Chère madame,

Je devrais écrire chère madame ma buraliste, mais je trouve que ça ne fait pas naturel. C'est à cause de ce mot buraliste, qui est tellement bizarre, je suis sûre que vous en tomberiez d'accord si nous nous en parlions, vous me diriez tu as bien raison, car vous me tutoyez, et moi je vous vouvoie. J'aime bien, ça laisse un peu d'air entre le comptoir et nous, de chaque côté, tandis que vous vous penchez d'un air complice, que vous me soufflez un peu de fumée dans la figure, pour me dire comme d'habitude : Alors tu nous prépares quelque chose. Vous connaissez tous les clients, vous avez toujours un petit quelque chose pour chacun, la même phrase au fil des années. C'est rassurant.

Ça va me manquer. D'ailleurs madame-ma, même ce ma, je pourrai plus l'utiliser.

Je ne vais plus venir. Je ne viendrai plus. Je dis cela comme une promesse, et comme un regret. C'est rare les promesses qui sont en même temps des regrets, ça a son prix.

Donc je ne serai plus là, dès demain, à faire la queue, à piaffer à cause des ralentis du loto, plus là demain, pour un café comptoir et une Craven. Bonjour, oui, comme d'habitude, un paquet de Craven.

Plus de Craven.

Là je vous vois, d'ici, je vous entends partir de votre rire caverneux de fumeuse propagandiste.

Ma petite, tu nous l'as déjà faite cent fois, celle-là. Fontaine fontaine. Tu tiens bien une semaine, et puis on te revoit, et tu remarqueras qu'on ne te dit jamais rien.

J'ai remarqué. Vous ne dites jamais rien. Un silence même pas méprisant.

À chaque fois, j'hésite, je me dis que je vais changer de tabac, de buraliste, de comptoir, pour ne pas essuyer, justement, cette remarque vexante, this personal remark, mais non, vous êtes plus délicate que ça, vous dites : Alors, ce chef-d'œuvre, c'est pour quand ? Vous partez de votre grand rire, vous râlez à propos de quelque chose, les minuscules centimes d'euros, la grève des dentistes, la nouvelle maladie des chats. Vous ne dites pas : Te revoilà, tiens donc, de nouveau parmi nous, bienvenue parmi les dingues, les suicidés de la cibiche, les résistants au politiquement correct. Non. Vous ne dites rien. Je ressens toujours ce silence comme une sorte de complicité. Je me sens fille prodigue.

Mais il faut bien en finir, madame, c'est un adieu, je ne viendrai plus, j'ai arrêté, la fumée me répugne, j'ai devant les yeux, à tout instant, des colonnes de poumons noirâtres, des statistiques horribles. L'absurdité de ce geste. La toux. Tout le reste.

Je vous entends d'ici sourire et vous taire.

Pourtant je me suis assise très loin. J'ai fui dans un autre quartier, j'ai changé mes habitudes, comme on fait quand on fuit un amour: on prend soin d'éviter les lieux qui l'évoquent, les allées où l'on a marché sans savoir son bonheur, les ruelles où l'on a échangé des baisers. Les cafés où l'on a échangé les insultes définitives.

Je connais des gens à force, ils ne peuvent plus aller nulle part, tout lieu corrompu et empoisonné par d'anciennes amours. Mais ce n'est pas le sujet.

Vous, vous ne quittez jamais le tabouret tournant derrière votre caisse, fidèle, plus que fidèle, à des dizaines de milliers de Royale Menthol que vous allumez les unes aux autres en bonne chain smoker (j'adore ce mot: chain smoker, je ne le connais pas depuis longtemps). Royale Menthol. Mes premières cigarettes, celles que je fumais pour copier un garçon dont aujourd'hui le prénom m'échappe, qui était grand, blond, barbu et plutôt bête. Et que j'aimais d'un amour impossible, vu qu'il ne s'en aperçut jamais.

Les cigarettes ne vous trahissent jamais, dit ma mère, qui en sait un rayon. Elles sont toujours là, leur petit nuage amical et protecteur ne fait jamais défaut, la brume puante protège de tout.

Il faudrait peut-être que j'envisage de ne plus la voir non plus.

Mais on ne peut pas se fâcher avec tout le monde.

Je sens que je m'attendris.

Pire, que je m'attendris sur moi-même.

C'est pourtant simple. Je ne viendrai plus. Plus de file au guichet derrière les ralentis du loto, les acheteurs de timbres fiscaux, les trafiquants de petite monnaie.

Je ne serai pas là.

Comme l'an dernier, quand j'ai fait le stage anti-tabac avec acupuncture, yoga et respiration. Séances d'hypnose avec une bande de crétins de bonne volonté.

C'était bien. C'était cher. Mais c'était bien.

Ça n'a pas duré longtemps, mais c'était drôlement efficace pendant quelques semaines.

J'ai rechuté c'est vrai. J'avais d'excellentes raisons.

Ce n'est pas la peine de me faire remarquer que les excellentes raisons ne manquent jamais. D'autant que cette fois-ci, c'est la bonne. J'ai juré.

Mais je trouve honnête et même gentil de vous prévenir, cette fois, que vous ne me verrez plus.

Comment ?

Que dites-vous ?

Vous vous en fichez ?

Ça me fait énormément de peine.

C'est ce qui est moche au fond quand on prend une aussi importante décision. Tout le monde s'en fout.

Tu fais ça pour toi, c'est ce qu'ils disent tous.

N'en parle pas.

C'est ce qu'ils disent tous.

Ce n'est pas très élégant de parler de ce genre de choses, un genre de linge sale, un étalage de… C'est ce qu'ils pensent, même s'ils ne le disent pas.

Ou alors ils disent qu'on veut donner des leçons de force d'âme.

Ce qui n'est pas mon genre, le moins que l'on puisse me reconnaître. Je ne veux pas en parler. Je veux juste vous dire au revoir, au revoir, madame, on ne se verra plus. C'est un peu triste quand même. Ça mérite d'être signalé.

Je passerai demain, on fumera une petite dernière, une Royale Menthol, pour la beauté du geste.

Ensuite…

En toute trahison, avec mon meilleur souvenir,

Geneviève Brisac

Jérôme Garcin

Une décision cavalière

Derniers ouvrages parus :

C'était tous les jours tempête, Gallimard ; *Barbara, Claire de nuit*, Gallimard ; *La Chute de cheval*, Gallimard ; *Pour Jean Prévost*, Gallimard.

Au Mesnil-sur-Blangy,
le 5 janvier.

Depuis hier, cher Bernard, le thermomètre est descendu à – 5°. Une fine couche de givre, légère et transparente comme un voile de tulle illusion, recouvre les champs vallonnés, elle semble ajouter au silence de l'air, à la permanence des choses et au mystère de cette campagne familière que, chaque fois, l'hiver s'ingénie à me rendre, pendant quelques jours, étrangère.

Aux écuries, pour les protéger de la nuit glaciale, on met désormais chemise *et* couverture sur le dos des chevaux. On augmente les rations. Mon trotteur adore cette saison contrariante. C'est qu'elle m'oblige à avoir pour lui des égards tendres et de troublantes prévenances ; elle incline, dans la semi-obscurité du box haut paillé, à plus d'intimité. Dénudée après la tonte, sa nouvelle robe est plus claire, plus pure, sur laquelle se dessine à l'encre de Chine la prodigieuse géographie des muscles. Je la caresse avec impudeur. Je murmure à mon cheval des secrets hivernaux. J'embrasse ses lèvres tièdes. Dehors, il fait si froid.

Rigole ! cher Bernard, rigole ! tu t'es si souvent moqué de ma passion, je te laissais faire, la mimer même dans les couloirs du bureau où tu trottinais, hennissais, t'ébrouais, je ne t'en voulais pas, au contraire, je sais combien elle est intraduisible, résiste obstinément aux mots dont usent les piétons et pourquoi elle n'émeut que les seuls initiés. En ville, tenir le crottin pour un parfum, préférer le silence d'un box aux rumeurs d'un salon, travailler plus à la perfection d'un appuyer qu'à la dilatation de son importance, c'est être sinon fou, du moins bête. Ne dis pas le contraire, cher Bernard, il m'est arrivé de saisir d'ironiques conversations devant la machine à café, au troisième étage de notre auguste entreprise.

Depuis Noël, j'ai repris le chemin du grand manège. Je l'avais un peu négligé. À mesure que les jours raccourcissent et que la température baisse, il a gagné en austérité, en majesté, en gravité. Il m'intimiderait presque, avec ses chuchotements de cathédrale, ses messes basses, ses cliquetis d'encensoir, ses crissements de cuir, sa poussière lente et, froufroutant sous la nef en bois, sa tribu de colombes. J'y travaille mieux qu'en carrière. Le lieu clos n'autorise aucun divertissement, aucun manquement au protocole. Je surveille sans indulgence la fixité de ma main et de ma jambe dans les miroirs accrochés au-dessus des bat-flanc. Je me corrige. Je m'améliore. Je m'oublie.

Hier, pourtant, j'ai contourné le manège et profité d'un rayon de soleil pour partir en forêt. J'ai mis à mon cheval son couvre-reins en coton. Les sentiers étaient gelés. Le sol craquait sous les feuilles mortes. Il avançait d'un pas précautionneux. Lui qui, d'ordinaire, s'amuse à se faire peur en extérieur, donne des coups de cul à la simple vue d'un chevreuil ou au moindre bruit suspect sous les fougères, ressemblait à un enfant sage. Ses naseaux fumaient, son corps dégageait, sous mes cuisses, une douce chaleur moite. Au sommet de la colline, après une dernière et noire sapinière, soudain la vue s'est dégagée. L'air était d'une pureté exceptionnelle. La cloche de la petite église du hameau résonnait sur la colline d'en face, découpée en bocage irrégulier et plantée de pommiers rabougris. Rien ne bougeait sous le blanc soleil d'hiver. Depuis notre promontoire, engourdis par le froid, mon cheval et moi étions immobiles, impatients, dans l'attente, dans l'espoir de je ne sais quoi.

C'est à cet instant, cher Bernard, sans raisons tu vois, que j'ai pris la décision cavalière de ne plus quitter ce paysage, de rompre avec ma vie, de ne plus revenir à Paris, et de te passer le témoin dans ce métier dont je croyais qu'il était ma raison de vivre. Cette lettre est sans doute la dernière que je t'envoie. Même les mots, maintenant, je m'en méfie. J'en ai abusé. Je les ai abusés. Ils sont fatigués. Il faut que je les traite désormais avec davantage d'égards, plus de mansuétude et moins de vantardise.

Car ce que tu pressentais est arrivé : je mets aujourd'hui un terme à ma schizophrénie. Je confesse avoir longtemps éprouvé du plaisir à me dédoubler. Je trouvais excitant d'avoir deux vies. Que l'une fût publique et l'autre privée, rien, je te le concède, n'est plus banal. Toi-même, cher Bernard, t'astreignais le jour à d'ingrates tâches et croulais sous une paperasserie qui t'arrachait des soupirs, des grognements de fauve en cage, pour mieux disparaître seul, à la nuit tombée, dans des clubs de jazz confidentiels où vibrait, sous de vieilles voûtes, cette note pure, et si mélancolique, dont tu cherchais sans cesse l'origine. C'est peut-être notre point commun, cette enfance en nous qui ne veut pas mourir.

Or, mes deux vies à moi n'étaient pas complémentaires, elles étaient contradictoires. L'une s'évertuait à briller, à épater, à blesser, l'autre s'appliquait à l'effacement, à l'humilité et à la concorde. L'une voulait laisser des traces, des preuves, une signature, un bon mot, une image arrêtée, un relief, l'autre reposait sur l'idée que rien ne reste de ce que l'on a réussi, que la grandeur est liée à l'éphémère, que la beauté est vouée à disparaître. L'une forçait à la compagnie des rodomonts, des serviles, des hypocrites, des cyniques, l'autre au commerce des chevaux, ces animaux singuliers qui incarnent pour moi l'esprit de justice, exigent de l'équanimité, avec lesquels on peut parfois prétendre à l'art mais jamais atteindre la perfection, et dont on n'obtient rien par la force ni l'impatience.

J'ai pensé, c'est vrai, que je pouvais me scinder en deux, une part de moi sur une chaise, l'autre en selle, et y gagner cet équilibre dont tu sais qu'il représente la loi fondamentale du cheval. Et puis quoi, il fallait bien vivre, gagner sa croûte, donner à ses enfants une vie décente et trouver à son trotteur une écurie digne de ce nom – autant être payé pour ce que l'on sait faire et qui se rapproche de ce que l'on aime. Mais ce que je prenais pour de l'harmonie était un compromis, et les compromis sont provisoires. Plus ma vie professionnelle s'arrondissait, plus je me faisais violence. En moi, le cavalier ricanait, persiflait, se cabrait, il brocardait son double citadin, pointait d'un doigt accusateur ses petites satisfactions, ses soucis inutiles et sa politesse désuète. Alors, je me raidissais. Je n'avais plus d'indulgence pour les complaisants, plus d'excuses pour les flagorneurs, plus de curiosité pour les poseurs, plus de patience pour les quémandeurs. Je voyais le mal partout. Je ne supportais plus un dîner en ville, ni un cocktail. Je n'étais plus relié à la vie sociale que par le téléphone, où je saisissais n'importe quel prétexte pour insulter mon interlocuteur, lui faire un cours de morale et lui raccrocher au nez. J'attendais la fin de la semaine pour calmer, en cercle et au galop, mes colères sans emploi, faire la paix avec mes fantômes.

Dans mon exaspération, je voulais imposer à la société civile, à notre milieu en perpétuelle putréfaction – ne me dis pas le contraire –, les principes de la chevalerie, le code des écuyers, la grande morale de l'ombre, et la devise de Saumur – calme, en avant et droit. C'était ridicule comme serait aujourd'hui ridicule, sur le parvis de la Défense où grouillent des cadres pressés et des patrons sans foi, l'entrée au petit trot du Quichotte, ce chevalier à la triste figure, ce pathétique redresseur de torts, cet idéaliste blessé.

Il est vain, à Paris, de monter sur ses grands chevaux ; ils ne mènent nulle part, et il n'y a plus d'allées cavalières.

Voilà, cher Bernard. Tu sais tout. Je ne t'écris pas seulement cette lettre pour t'annoncer que je disparais dans mes forêts mais parce que je ne compte plus beaucoup d'amis et que toi seul comprendras même ce que je n'ai pas écrit. Le moins qu'on puisse dire est que je ne me suis pas négligé : l'heure est donc venue, selon la résolution du cher Georges Perros, de se faire un *non*.

Une lumière rose tombe timidement sur les champs blancs, en face de ma fenêtre. Dans une heure ou deux, il fera nuit. J'ai encore le temps d'aller monter. Si l'obscurité gagne trop vite, j'allumerai le grand manège. Il faut que je travaille mes appuyers, qu'ils deviennent plus souples, plus coulants, qu'ils glissent sur le sable comme une fugue de Bach. Mon cheval et moi sommes trop inflexibles. Cela va nous demander beaucoup de temps, mais cela viendra. J'ai la vie devant moi, désormais.

Prends soin de toi, cher Bernard. Embrasse toute la petite famille du bureau. Dis que je ne veux ni ne peux plus mettre pied à terre. Là-haut, il fait si froid, il fait si chaud. Je tremble un peu. Ce doit être le vent, dans la plaine. Ou la peur, soudain, de me retourner.

Denis Robert

Je me sens partir

Derniers ouvrages parus :

Revolte.com, Les Arènes ; *Le Bonheur*, Les Arènes - Pocket ; *La Boîte noire*, Les Arènes ; *Révélation*, Les Arènes.

Je me sens partir.

Je pars. Je ne pense pas revenir. Je suis fatigué et en colère contre toi. Ce n'est pas une petite colère passagère. C'est plus profond, durable, irrémédiable. Tu me dégoûtes. Jamais je pense n'avoir ressenti autant de sentiment négatif à l'égard d'une personne. Ma désillusion est sans doute en rapport avec les espoirs que je fondais en toi. En nous. En moi.

J'ai envie de rompre avec ma mère. Définitivement. Et ce, pour une unique raison. Ma mère m'a mis au monde. Ma mère a été une pétasse jeune, elle est une pétasse vieille. Quand je l'embrasse, je m'essuie. Je m'essuyais avant car elle sentait mauvais de la bouche, à cause des gauloises sans filtre. Je m'essuie maintenant parce qu'elle bave et qu'elle pique. Elle m'a aimé comme on aime un boulet, quand on sait qu'on doit passer sa vie avec. En fait, me braquer sur elle est un faux problème. Mon père me cognait dessus mais c'était un brave type, je ne lui en veux pas trop. Il pleurait après et n'a jamais cogné trop fort. La ceinture seulement, et jamais côté boucle. Bosseur, gaulliste, cocu, mort trop jeune. Et trop con. N'a su me donner aucun amour en retour. Je lui dois, en partie, ce que je suis devenu aujourd'hui. Les livres m'ont en partie sauvé. Leur lecture. Enfin, jusqu'à présent. Aujourd'hui, je ne lis pratiquement plus. Le seul être avec qui j'ai définitivement envie de rompre, en définitive, c'est moi. Je me dégoûte. Je nous écris cette lettre de rupture.

Je suis, en fait, pour y avoir bien réfléchi, pour avoir soupesé le pour et le contre, pour avoir été à la défense et à l'attaque, une merde humaine. Une espèce de chique molle. Je pense au suicide très sérieusement depuis six mois. Il faut s'habituer à cette idée avant de passer à l'acte. Je vais donc me foutre en l'air. Et disparaître. J'ai choisi le moment, ce sera après cette lettre. Dans l'avion. J'ai choisi de m'écrire pour me l'annoncer, et laisser une trace. Frères humains qui après moi vivrez... Je ne sais pas comment j'ai fait pour en arriver à ce dégoût de moi. Ce sera des médicaments. C'est décidé. Rien ni personne ne me fera revenir en arrière. Je peux même confier que depuis que notre décision est prise, la vie apparaît plus douce. Je me sens meilleur. Je suis allé à la pharmacie. J'ai acheté les pilules bleues, grâce à une fausse ordonnance. C'est infaillible et non douloureux. Elles sont dans la poche de mon jean, serrées contre mes couilles. Est-ce que j'ai raté ma vie ? Oui, définitivement. Est-ce que j'aurais pu la rattraper ? J'ai essayé, en étant aimable avec des femmes, en offrant des cadeaux de rattrapage à mes enfants. J'ai aussi travaillé, deux hivers de suite, pour les Restos du Cœur. C'était minable. J'étais minable. Je me suis planté sur tout. Ma vie n'a été faite que de mensonges et de compromissions. Quand je pense que certains font de leur vie une œuvre.

Mon œuvre à moi ce sera ça. Cette lettre.

Je n'ai jamais su dire non. Je suis toujours allé au plus offrant, au plus confortable, au plus facile. D'abord, dans mon travail. À dix-huit ans, je nous rêvais en Jack Kerouac. Aujourd'hui à quarante-neuf ans, je ne suis objectivement que rédacteur en chef adjoint de *L'Est Éclair*. Et tous mes projets de livres sont rangés dans une vieille caisse depuis quinze ans. Quand je les relis, j'ai honte. Je suis vaguement alcoolique, vaguement cocu (moi aussi, c'est drôle comme l'histoire se répète), vaguement apolitique. Mes érections sont de plus en plus espacées. Je ne suis jamais allé aux putes. Mon dernier coup, c'était au Solitair Club, une vieille de cinquante-deux ans. Mon dernier voyage, c'était en Tunisie avec Nouvelles Frontières. J'ai passé quinze jours à draguer la femme d'un Allemand qui a fini par me casser la gueule. Mon père est mort quand j'avais vingt ans. Ma mère est à l'hospice depuis trois ans. Je ne vais pratiquement plus la voir. Avec les filles, je me suis rendu compte récemment que je ne séduisais plus. C'est peut-être ça au fond qui nous a tués. Moi et l'image que j'avais de moi. Nous.

J'effraie, je fais se figer les sourires, grincer les lèvres. Je fais encore illusion auprès de la petite vendeuse beurette qui bave sur ma veste Armani. Mes vannes sont lourdes. J'ai des poches sous les yeux, des plis de graisse sur le ventre. Mes idées sont inexistantes. Pour écrire mes éditos, je copie sur Laurent Joffrin dans *Le Nouvel Obs*. Je bouffe une fois par mois avec le maire et le président du Conseil régional. Je suis, de fait, à leur service. Dévoué. Je ne vois plus mon fils, qui ne veut plus me voir depuis que je l'ai traité de sale con en lui retournant une beigne. Il n'y a guère que sur lui que j'ai le courage de cogner (c'est drôle comme l'histoire se répète). Je ne vois plus mon ex-femme qui m'a quitté depuis dix ans maintenant. Elle m'a quitté quand elle a appris pour Lorette Demange. Ensuite, le mari de Lorette m'a cassé la gueule. J'ai eu peur ce jour-là. Je n'ai aucun courage physique, aucun courage mental. Cette haine soudaine de moi, comme une révélation.

Je suis, je le répète, une véritable merde humaine. Lorette le sait, c'est elle qui me l'a dit. Je n'ai même pas eu le courage de me lancer dans un acte romantique et désespéré. L'assassinat de son mari, ou un attentat-suicide. Une bombe dans une multinationale. J'y ai pensé, mais j'ai peur de finir déchiqueté. J'ai dénoncé mon voisin au fisc. J'ai voté Le Pen une fois pour rigoler. Pour être plus franc (aujourd'hui à quoi bon mentir) : j'ai annoncé que je votais Le Pen à une bande de jeunes crétins qui me prenaient à partie parce que j'étais journaliste, ils disaient qu'il y avait trop d'Arabes, ils étaient menaçants, j'ai dit que j'étais d'accord avec eux, même que j'avais voté Le Pen. Je vais au foot, mais les matchs me font chier. Ce qui m'a longtemps consolé, c'est que j'étais entouré de merdes humaines. Des types insignifiants et menteurs. Comparé à eux, je faisais illusion. Maurice Biniou, mon rédacteur en chef, est pire que moi. Quand le patron du journal ou l'avocat téléphone, il fait dans son froc. Lui, ses éditos, il les pompe sur Jean-Marc Sylvestre. Je suis lucide. Je sais ce que je vaux. J'ai sincèrement essayé de remonter la pente, de prendre de nouvelles résolutions, d'être plus énergique, plus combatif. Très vite, mes mauvais plis ont repris le dessus. Comme sur mon ventre, quand j'essaie les régimes.

Je suis passé au journal hier. J'ai fait un virement de 3,2 millions d'euros. J'ai préparé mon coup. En vingt-cinq ans de boutique, ils ne se sont doutés de rien. L'argent sera disponible lundi à Luxembourg. Je dois décoller de Bruxelles dans la foulée. Je vais à Saint-Domingue, où je me ferai appeler M. Jean-Pierre Perrin. J'ai mes nouveaux papiers. Je suis dans l'avion. J'écris en buvant des Campari-orange. Je suis sur le point de partir. C'est le premier acte de ma nouvelle vie. Je vais essayer de changer. Recommencer de zéro. Faire illusion. Je vais prendre une chambre à l'hôtel Manganao. Et puis, après, je vais laisser venir. Je trouverai bien une petite louloute, une fille à la peau brune et aux seins comme des fléchettes. Ma nouvelle vie sera celle d'un fugitif. Elle aimera ça. Je compenserai mes failles physiques, par mon air mystérieux. Je dirai aux filles que je suis un Français en fuite qui peut faire tomber le Président. Je serai un nouvel homme. Super. Vraiment super.

Non, je n'en ai même pas envie. Je n'en n'ai plus la force. Je suis trop vieux. L'avion va atterrir dans une heure. Je glisse cinq pilules bleues, puis je m'envoie une lampée de Campari. Il paraît que c'est comme une lente anesthésie. Je recommence l'opération. Comme un engourdissement. Je bois. Mes doigts se raidissent. Je savais que je me rattraperais. Finir comme une merde. Vivre comme une merde. J'essaie de réfléchir à pourquoi j'en suis arrivé là. Mon enfance et mes drames familiaux ne peuvent tout expliquer. Je sais comment c'est venu. Je n'ai jamais su dire non. J'ai toujours choisi la facilité, le gain rapidement obtenu. J'ai toujours été dans le sens du vent. Je n'ai jamais résisté. Je me suis coulé dans le moule, me disant que plus tard, de l'intérieur quand j'aurais du fric, les choses changeraient. Je me sens partir. Et puis, après, j'ai cherché à justifier cette absence totale de courage par différents motifs, la sécurité de ma famille (tu parles), la peur d'être viré du journal (tu parles). Je me suis compromis. Comme les autres. Comme Maurice Biniou. Aujourd'hui, je n'arrive plus à me regarder dans une glace. J'aurais dû dire non plus tôt. J'aurais dû bomber le torse. J'aurais dû quitter la ville avec Lorette, pour ne plus revenir. Je suis inconsolable et triste. L'hôtesse me demande si ça va monsieur. Je n'entends plus rien. J'écris. J'espère avoir une autre vie. J'ai retenu la leçon. Frères humains, qui après moi vivrez, sachez absolument résister. Ne pas céder. Jamais. Je me sens partir.

Stéphane Zagdanski

Amour mort-né

Derniers ouvrages parus :

La Vérité nue, Pauvert ; *Autour du désir*, Le Passeur ; *Noire est la beauté*, Pauvert ; *Pauvre de Gaulle !*, Pauvert.

« Il y a tant d'aurores qui n'ont pas encore lui. »
Rig-Veda

Paris, un jour de printemps,
cinq heures du matin...

Aurore chérie,

Tout est dit dans ces deux mots et ma lettre pourrait aussi bien finir ici.

Tamisée par les siècles, l'incandescence du mot *chérie* s'est émoussée en une tendresse que ce terme, si banal et profond, dissimule mal sous la déchirure de ses deux syllabes. *Chérie* : quelque chose se cherche et s'achève avant de s'être rejoint, quelque chose qui n'avait d'emblée aucune chance de naître. C'était trop cher payer ce qui n'a pas de prix, si rare parce que si gratuit. Je parle de l'amour, bien sûr, cette fiction millénaire dont nous aurons accompli le pauvre exploit, toi et moi, après tant d'autres, de démontrer qu'il se nourrit des obstacles qu'il s'oppose à lui-même, se déplace en trébuchant à force de bâtons qu'il place dans ses propres roueries, bute sur tous les possibles et se suicide à grandes lampées de ciguë imaginaire auxquelles on finit, bizarrement, perversement, par prendre goût.

Chérie : ça commence comme un appel d'air et ça se cisaille en un sourire soudain. Ce mot résume donc assez bien notre amour mort-né, étouffé dans l'œuf par ta mélancolie, électrocuté dans les langes par ma pente moqueuse, lacéré au berceau par ton hystérie, décapité sitôt surgi par mon pessimisme libidinal, atomisé par tes imprescriptibles horaires de fac, vitriolé par mon impatience infantile, calciné à tout petit feu par ta névrose pourtant galopante, éventré par mon sadisme suave, empoisonné par ta souffrance existentielle, phagocyté corps et âme par mon incrédulité dans les matières humaines, simplement.

Trêve de sarcasmes, mon Aurore. Je ne puis te promettre de ne pas te désespérer, mais je ne désire ni te brusquer, ni te braquer, ni te froisser, ni t'offusquer. J'ai décidé de t'écrire en tâchant de faire preuve de la plus haute délicatesse dont je suis, parfois, capable, bâillonnant mon ironie naturelle, retenant dans leur carquois encéphalique mes railleries qui te font éclater d'un délicieux rire de petite fille lorsque je les dirige contre la majorité bavarde des imbéciles malheureux, mais qui t'indignent à la hauteur comique d'un scandale diplomatique quand je me laisse aller à t'égratigner gentiment, Aurore aux grands chevaux ! « Je ne peux pas te laisser dire une chose pareille ! » « Retire immédiatement cette phrase ! »…

Je n'ai pas le cœur à rire de ce qui ne nous est *même pas* arrivé. Tu te souviens de ce soir crucial, dans ce petit restaurant brésilien de la Bastille, où tu me répondis « Moi aussi ! » ? Pourtant tu refusas de m'embrasser, dans la rue, sous prétexte que je « piquais ». Dire que je fus assez naïf pour me raser à notre rendez-vous suivant au Luxembourg ! Faire si attention au mot à mot – « Beauté mon beau souci de qui l'âme incertaine a comme l'océan son flux et son reflux... » – et si peu à l'ombre que les gestes et les non-gestes dissimulent dans leurs chorégraphies infinitésimales !

Tu n'imagines pas comme j'ai été séduit, *aussi*, par ton merveilleux prénom. Au moins autant, et avec une fulgurance équivalente, que par ta silhouette sinueuse surgissant à l'étage de ce bar des Champs-Élysées, le premier jour, si belle, si calme et belle (« Je suis en retard, je vous prie de m'excuser... – Ce n'est rien, le temps n'est pas de l'argent, contrairement au cliché... »), tes courts cheveux bruns acclamant ton visage fin en une haie d'honneur adoucie, comme une tulipe dont le calice surplomberait inexplicablement la corolle, ravissant ovale aux pommettes dissimulées sous un tulle de gravité, qui se gonflent, parfois, sous le souffle d'un rire brusque – comme deux petits seins ronds sous un chemisier sombre laissent deviner leur désirable volume à la lueur impondérable d'une subite inspiration –, ponctuées de deux yeux verts, si graves et tristes eux aussi.

Aurore, tu sais qu'un livre merveilleux de Nietzsche porte ton prénom. J'y ai tout de suite pensé, et tandis que tu m'expliquais le sujet de ta thèse de doctorat, et pourquoi mes livres t'impressionnaient autant – j'ai eu la candeur de débutant de te croire –, je me suis rappelé la phrase du *Rig-Veda* qu'il cite en exergue de son chef-d'œuvre. Hélas, je n'ai pas songé tout de suite au double sens de cette phrase. Si l'aurore est une promesse en soi, une aurore qui n'a *pas encore* lui est une promesse de promesse, une vue de l'esprit se dissolvant dans son propre limbe, telle notre histoire exténuée avant de débuter. J'ai pensé que Dieu était un sacré farceur de t'envoyer à moi quelques semaines à peine après la naissance de mes jumelles Eva et Anna, dont je t'ai montré les photos pour anesthésier le désir que tu m'inspirais. Peine perdue. J'ai bien capté la lueur trouble de ton regard, mais j'ai refusé de comprendre ce que je saisissais pourtant trop bien. Tu ne m'as révélé que plus tard à quel point tu étais malheureuse – ce mariage raté avec ton chirurgien milliardaire –, et j'ai fait comme si je n'entendais pas ton agressivité envieuse à l'égard de « mes menottes », comme tu les nommes drôlement. Ces impossibilités banalement bourgeoises (ton mari qui t'entretient, mes fillettes et ma nouvelle vie rangée) que tu déposais tels des sacs de sable contre l'eau montante de mes baisers et de mes caresses étaient de purs prétextes. Ton froid désarroi vient de plus loin.

Nous aurions dû faire l'amour tout de suite après ton « Moi aussi ! », Aurore. Au moins aurions-nous été fixés. Voici ce qu'écrit le génie de la légèreté dans le livre qui porte ton prénom : « Les sensations sexuelles ont ceci de commun avec les sensations de pitié et d'adoration que grâce à elles un être humain fait du bien à un autre en éprouvant du plaisir, – on ne rencontre pas si souvent dans la nature des dispositions aussi bienveillantes ! »

Mais au lieu de me laisser (peut-être) t'apaiser en baisant, nous avons entamé une correspondance secrète par e-mails – la pire des idées possibles ! Plus tes messages étaient enflammés, plus je désespérais de pouvoir caresser un jour la forteresse de ton beau corps charnu dans laquelle est emprisonnée une Emma amputée de ses émotions, une Dulcinée dissociée de ses sensations, une Temple Drake dépourvue de désirs.

Je pris conscience que quelque chose déraillait quand tu m'as cité le fragment de *Tristan et Iseut* sur le philtre d'amour (« C'était la passion, c'était l'âpre joie et l'angoisse sans fin, et la mort ») lors de notre cinquième rendez-vous clandestin dans le quartier chinois. J'aurais dû avoir le réflexe de te rétorquer cette phrase tirée de ton livre éponyme : « Le bonheur, quel qu'il soit, apporte air, lumière et liberté de mouvement. »

Au fond, la seule bonne idée que nous ayons eue au cœur de notre grotesque imbroglio (l'histoire d'amour la plus invraisemblable de l'histoire de la littérature ; la vieillarde Sarah tâchant de faire succomber Humbert Humbert aurait été mieux inspirée !), ce fut, pour échapper aux mille mouchards moroses, de choisir un quartier différent de Paris par rencontre secrète. Hélas, malgré nos zigzags effrénés à travers cette ville inventée pour le bonheur des amants clandestins, les espions envieux sont parvenus à nous inoculer le venin ensorcelé de la défaite. « Expérimenter, c'est imaginer », a écrit Nietzche dans ton livre. Nous avons fait exactement l'inverse, et je suis presque sûr que sans l'imposture de tes e-mails énamourés, je connaîtrais au moins le goût de ton corps qui mérite mieux que la détresse de ta névrose.

Longtemps Baudelaire envoya à madame Sabatier de merveilleux poèmes anonymes. Puis il se déclara : « Les polissons sont *amoureux*, mais les poètes sont *idolâtres*. » Puis, sitôt qu'elle eut cédé, il se rétracta : « Il y a quelques jours, tu étais une divinité, ce qui est si commode, ce qui est si beau, si inviolable. Te voilà femme maintenant. »

Aurais-je réagi ainsi ? Sans doute que non. Aurore chérie, étant strictement monothéiste, je n'aurais été dégrisé d'aucune idolâtrie en couchant avec toi.

Nous aurions dû faire l'amour dans ce petit hôtel minable de Barbès où j'ai voulu t'entraîner, ce dernier soir avant ton déménagement en Belgique. Tu fis mine de te vexer, invoquant ton standing et me déclarant, mi-fougue mi-dérision, que si j'avais eu les moyens de t'emmener au Crillon, là tu aurais hésité... Je ne suis malheureusement pas persuadé que tu plaisantais.

Mon Aurore, je porte toute la responsabilité de notre échec. Rallumer ton regard éteint m'aurait pourtant rendu si heureux. Mais je ne puis m'empêcher de donner un écho symbolique à tes dernières paroles, tandis que nous attendions ton taxi, lorsque je fis mine d'allumer ta cigarette avec mon gros briquet argenté : « Je me méfie de ton chalumeau ! » Hérodiade n'aurait su être plus explicite.

Je n'ai que ma prose labyrinthique pour me guérir de tout regret. Cette lettre d'amour et de rupture – c'est avec moi-même que je romps : tu ne quitteras pas davantage mon cœur que ma mémoire, maintenant que tu y es entrée – possède au moins un avantage : le premier n'ayant pas été consommé, la seconde ne saurait être définitivement signifiée.

Ni déclaration ni révocation, donc, une non-lettre de rupture en conclusion d'une non-histoire d'amour n'était-elle pas la mieux indiquée pour dire adieu à une femme qui n'existe de toute façon presquc pas ?

Yves Pagès

Dégradation volontaire

Derniers ouvrages parus :

Le Théoriste (prix Wepler 2001), Verticales ; *Petites Natures mortes au travail*, Verticales ; *Prières d'exhumer*, Verticales ; *Plutôt que rien*, Julliard.

(Brouillon d'une lettre adressée le jeudi 11 avril 2002 au Rectorat de Paris, direction des services académiques d'éducation, 12, rue Curial, 75020 Paris.)

Madame ou Monsieur le Recteur,

Permettez que je sollicite auprès de votre bienveillance un réexamen de ma situation ~~diplomatique~~, tenant compte des ~~séquelles~~ effets secondaires dus à mon orientation en filière ~~dite~~ scientifique durant les années 1978-1981 *(bulletins scolaires joints ainsi qu'une photocopie conforme de mon Baccalauréat C, sans mention particulière)*. L'objet de ~~ma~~ la présente expose à la fois un cas d'école, le mien, et ~~d'autres~~ les dommages collatéraux touchant une entière classe d'âge ~~entière~~. S'il est désormais ~~admis~~ reconnu d'utilité publique que la formation permanente fait partie du ~~travail~~ processus productif (et donc rémunéré) de tout emploi qualifié, ~~je ne vois pas~~ on ~~serait en droit~~ se demande ~~pourquoi~~ pour quels motifs l'apprenti lycéen (quant à lui, bénévole) ne pourrait ~~réclamer~~ en référer au code du Travail et, parmi ces droits élémentaires, à ceux touchant aux maladies professionnelles et au cadre légal de leur indemnisation.

J'en viens ~~au but~~ à mon fait. Dès onze ans, j'ai été, comme tous ceux de ma classe, ~~soumis~~ familiarisé ~~à la~~ aux mathématiques ~~laïques~~ modernes et obligatoires. Suivant la programmation normale, j'ai connu l'ensemble N en Sixième, puis R en Cinquième, puis Z en Quatrième, puis etc. Une année après l'autre, j'ai vu défiler sur le tableau noir des entiers positifs, des moins que zéro, des petits fractionnaires, des négligeables à virgules et des inconnues à racines cubiques. Parvenu en ~~classe de~~ Seconde C, la théorie de tous ces ensembles avait déjà enflé de façon considérable. Et ~~si vous permettez, moi aussi ça m'enflait~~ cela n'a plus fait qu'empirer jusqu'au Bac. Sans qu'il soit nécessaire de m'étendre ici sur l'infinité corrélative des lambdas logarithmiques, et sans parler des n compossibles tendus entre abysses et coordonnées. Imaginez seulement ce que j'ai dû subir en assimilant le grand Tout de ces sous-ensembles flous qui, à force de pulluler, dériver, s'intersectionner, prendre la tangente, s'incuber, se distendre, augmentaient sans cesse la pression. ~~Essayez de~~ Oui, mettez-vous à ma place, dilaté encore et encore sous la dictée de cette théorie qui repoussait si loin les limites du supportable. Les yeux plus gros que le ventre, voilà une expression qui traduit terme à terme le drame psychosomatique qui s'est joué en moi trois années de suite. Disons qu'à force de voir ces abstractions gagner en volume, j'ai senti très concrètement que mon ventre n'en pouvait plus de contenir tant de glandes, replis, alvéoles, tubulures, vésicules, appendices et ~~un tas de~~ un paquet d'autres poches intestines. Et tous ces organes partiels, telles des poupées gonflables, ne cessaient d'être soumis à de nouvelles extensions, sauf que, telles des poupées russes, ils s'incluaient toujours les uns dans les autres sans que les douleurs gastriques qui s'ensuivaient ne parviennent à faire éclater ce scandale au grand jour : entre vos gouffres numérologiques et mon moi viscéral, les vases communiquaient.

Le cursus voulait qu'en phase terminale nous cumulions neuf heures de mathématiques hebdomadaires. Je n'allais pas y échapper. Et tant pis si mon système digestif s'en nouait d'avance, et si les fantasmagories qui me persécutaient la nuit continuaient de m'ulcérer en classe alors que, plié de douleur, je recopiais laborieusement graphiques et équations sur des feuilles volantes, par centaines, que ni moi ni personne n'aurait jamais l'idée d'aller déchiffrer. Il m'en reste une dernière liasse ayant échappé au recyclage citoyen du tri sélectif, je vous en joins un spécimen indéchiffrable pour faire valoir mes droits comme tout un chacun tend son duplicata d'ordonnance chez le pharmacien.

Par quel moyen évacuer ce trop-plein de géométrie ventrifuge ? Bien sûr, je ne me posais pas alors la question en des termes aussi choisis. Je grattais de la copie en épiant la sonnerie libératrice. Et illico, je sortais du huis clos empuanti par trente sueurs pour trente mètres carrés. Je resquillais du coude au distributeur automatique, descendais cul sec mon gobelet de thé-citron-sucré avant qu'une envie incompressible ne me précipite aux W-C. Et là, face à l'isoloir de faïence, je jouissais d'un petit laps de repos bien mérité. Que ça vienne dru, à jet discontinu ou pas du tout, je restais idem dans ma tour d'ivoire, cinq ou même dix minutes, selon les interclasses autorisés, juste debout à prendre l'air de celui qui pisse pour se donner une contenance, n'importe laquelle du moment que le temps s'écoulait tout seul.

Avec le recul, je prends la vraie mesure et sonde les effets désastreux de ce pipi récréatif. Que par désœuvrement j'aie pris l'habitude de ponctuer chaque fin de cours d'un double exutoire (boisson chaude et pause pipi) n'a ~~a priori~~ rien ~~a priori~~ de remarquable, rien qui ~~a priori~~ nécessite a priori de vous récapituler la chose par ~~le menu~~ tant de menus détails. Je sais que la trivialité des faits ici rapportés risque de rejaillir sur les motifs de mon courrier et ~~de frapper~~ d'entacher ma demande d'indemnisation de nullité.

Pourtant ~~je me permets~~ j'insiste. Ce rituel d'apparence anodin (absorption d'une infusion diurétique suivie d'une déjection réflexe) a compromis les capacités de dilatation de ma vessie. À force de se vider toujours avant terme, elle s'est durablement atrophiée. On désapprend tant de choses au lycée. De même, un réservoir urinaire se met-il à perdre ses bonnes habitudes et beaucoup de son élasticité naturelle. Chez les femmes enceintes, on sait que l'excédent de poids de la poche placentaire explique une sorte de cystite passagère. Dans mon cas, elle est devenue chronique et c'est la mathématique qui a joué le rôle de cette surcharge pondérale. Vous ~~allez sans doute~~ m'objecterez que ~~j'abuse~~ j'use de simples métaphores et que je prends un malin plaisir à les prendre au pied de leur être. ~~Peut-être bien,~~ Mais il n'en demeure pas moins que sous l'influence pressante d'une théorie consacrant l'expansion infinie des grands ensembles, j'en ai, à tort ou à raison, subi les conséquences dans le quotidien de mon organisme. Toutes ces choses inégales par ailleurs, la contenance moyenne de ma vessie s'est rétractée à mesure que certains ensembles abstraits croissaient et se multipliaient. ~~Veuillez excuser~~ Pardon si je me répète, mais, en physique des fluides, on appelle ça des vases communicants. Et selon ce schéma issu d'une autre science dure, vous voyez combien cette période de probation scolaire a rétréci mon espace intime comme peau de chagrin.

Sans doute par honte de ma piteuse infirmité, j'ai trop longtemps gardé le silence. Pourtant, c'est allé de mal en pis depuis ma majorité. Et je vous jure qu'au bureau il est très handicapant de devoir s'excuser toutes les demi-heures pour faire ses besoins. À la longue, cela passe pour un trait de caractère, sinon le mauvais effet d'une sénilité précoce. ~~Je ne crois pas~~ Inutile de ~~m'étendre~~ disserter sur les torts que cela m'a ~~fait~~ causés dans ~~ma carrière~~ mon épanouissement professionnel. Aujourd'hui, je viens demander ~~réparation~~ justice. Je pourrais aussi vous parler du préjudice lié au calorifugeage à l'amiante des préfabriqués où se déroulaient la plupart de nos cours au collège, suite à un incendie criminel, mais je préfère ~~axer ma requête~~ m'en tenir aux symptômes d'incontinence partielle ci-dessus exposés. J'exige donc d'être ausculté par un spécialiste de la médecine du travail et que, en fonction de ces résultats d'examen, soit dûment fixé le taux de mes indemnités mensuelles.

~~Dans le cas contraire~~ Au cas où cette ~~supplique~~ requête resterait lettre morte, ~~j'annonce que~~ je désire être ~~privé~~ déchu de mon diplôme de fin d'études secondaires. Dans cette expectative, je vous prierais instamment de faire le nécessaire pour annuler en bonne et due forme le Bac C ~~(mention passable)~~ établi à mon nom en juillet 1981. Par la même occasion, il est bien entendu que je renoncerais aux titres universitaires délivrés ultérieurement.

En espérant que vous agréerez, je m'assure de votre réponse par accusé dès réception.

Yves Pagès

Éric Holder

Je suis parti

Derniers ouvrages parus :

Hongroise, Flammarion ; *Masculins singuliers*, Le Dilettante ; *La Correspondante*, Flammarion ; *Bienvenue parmi nous*, Flammarion ; *Mademoiselle Chambon*, Flammarion.

À l'est de Paris, le 5 avril.

Maman,
tu trouveras ci-dedans une lettre pour toi.

Je la trafique un peu. Un certain nombre de personnes la découvriront en même temps, je m'abstiendrai de mots doux.

Quelle chance, non ? de pouvoir nous offrir ça, tous les deux. Quelle insolence ! Quel pied ! Quel luxe !

Un luxe de Gitan.

C'est à ce sujet – le *Romano* – que je m'apprête à continuer plus avant. L'occasion de nous écrire de façon fondamentale n'est pas si fréquente. Je vais, autant que faire se peut, tâcher d'oublier d'autres yeux que les tiens – plonger davantage dans ceux-là. Il faut que je te le dise : je suis passé il y a peu, mais d'un coup, de l'autre côté de la barrière. J'ai compris que j'étais un pauvre, que je le serai toujours.

Jusqu'à présent, je ne m'en doutais qu'un peu.

C'était le jour du marché de Pâques, à la ville voisine. Je regardais derrière les étals. Tu es foraine, non ? Prouve-moi le contraire. C'est donc toi, serait-ce à ton insu, qui nous as appris à regarder dans les marges. À l'écart, ce jour-là, rencogné dans une porte, il y en avait un trop jeune dans un blouson trop grand. Les yeux noirs. Guettant les miettes, le portefeuille qui tombe du panier. Ça faisait du bien de le voir là. Ça faisait chaud au cœur, tu sais, lorsque des bouffées montent à la tête, et que cela irradie jusqu'au bout des doigts.

J'ai éprouvé un peu de crainte pour lui. Je me disais que si je l'avais remarqué, des flics étaient capables d'en faire autant. Oh ! pas en uniforme, ce serait trop simple. Il y a beaucoup de retraités par ici. Dont quelques vicieux capables de stationner à proximité en attendant le moment d'agir

J'ai mesuré à quel point c'était mon petit frère.

Désolé, maman.

Tu craignais que je ne sois pire, mais tout de même : ce dont tu avais peur est arrivé.

Vraiment désolé.

Je ne mettrai plus les vestes Saint Laurent, les complets de lin que tu me dégottais, un poil trop grands eux aussi, à l'adolescence, lorsque tu triais la fripe avant d'en faire de grands sacs et de les fourrer dans le camion, à l'aube. Ceux que je possédais, je les ai utilisés, un temps, à Paris. Ils étaient devenus cette fois trop courts. Tu étais tellement sûre que j'atteindrais le pinacle… Mon Dieu !

J'ai quarante-deux ans. J'ai toujours pensé – uniquement pour moi – que la quarantaine était le trait dans l'addition, ou dans la soustraction. On ne continue pas l'opération au-delà du trait. Il va s'agir de se débrouiller avec l'expérience de nous-mêmes. De faire avec ce qu'on a. On sait ce qu'on n'a pas.

J'écarte les bras pour te montrer que je ne cache pas quelque chose en dessous. Regarde bien. Je possède rien.

« Rien », tu sais, signifie en réalité un tout petit bien, une sorte de trésor caché. Comment ? te dis-tu, Un trésor, ce n'est pas un tout petit bien ! Hélas si, maman. Il s'agit d'une fortune volatile. Elle brille de mille feux, mais si nous la posons sur un meuble, si nous soufflons dessus, elle tremblote avant d'avancer un peu. Elle est légère, vingt-trois grammes, selon des médecins qui ont pesé il y a deux siècles des corps après leur mort. On l'appelle l'âme, faute de mieux.

Je possède rien : une moto, deux voitures, un camping-car. Ce dernier est l'ancêtre du genre. Des deux autos, j'ai acheté la première pour le prix d'un dîner au restaurant ; dans la seconde, des commandes ne servent plus, des garnitures ne sont pas réparées, mais scotchées. À part ça : pas de chéquier, pas de carte bleue, pas de mobilier, pas d'immobilier, pas d'actions. S'il n'y avait l'amour de D. : pas de toit en tuiles.

Rien, cette âme impalpable et cruciale, va donc se nicher dans de la tôle en mauvais état ?

C'est l'âme quoi, ça ?

Les jeunes Gitans sont persuadés qu'ils ne vieilliront pas en Gitans.

Leurs mères prédisent des avenirs fastueux.

Je suis allé voir de près, dès seize ans, les rues des beaux quartiers. J'étais travailleur : j'ai habité sous les lambris dorés, je me suis servi des couverts à poisson. Qu'est-ce qui a empêché qu'ils soient les miens ? Mes mauvaises manières ? Holà, sûr. Mais pas seulement.

Quelque chose se déprenait de moi, qui a lâché subitement ce matin-là. Je ne dis pas de mal des féroces auxquels tu aurais voulu que je ressemble, mais ils sont devenus de la Tribu-d'en-face.

Je t'écrivais au début de cette lettre que j'étais passé d'un coup de l'autre côté de la barrière, sur un marché de dimanche, et que je tenais à t'en faire part. Une barrière, par nature, c'est très mince lorsqu'on balance le cul dessus. Je suis retombé dans notre monde. Définitivement.

Mais alors, je n'ai plus eu honte de moi. De mes plus intenses bonheurs, des bonheurs de pauvre : toujours à bord de voitures marginales, trafiquées. Il m'a semblé que je pouvais désormais chanter tout mon soûl, et aller les cheveux dans le vent des routes – de quoi aurais-je peur ? Je possède rien.

La liberté m'a sauté à la figure comme un chat.

J'ai beaucoup de chance de posséder autant de véhicules, et tu désapprouverais dorénavant mes rêves. Des rubans d'asphalte les composent, leur bordure, très exactement, là où l'herbe vient les lécher. Des chemins, aussi, qu'on fait à pied ou en voiture, c'est selon. Je frémis à la pensée de certains Annapurna : voir se lever un matin d'été sur l'autoroute ; camper le long des ruisseaux.

Je veux des champs de blé entre midi et deux, la tête à l'ombre des grands arbres en bordure, la nuque sur une pierre, et le regard perdu dans le feuillage. Le vent rouge dans le Sud.

Ahi, maman ! je n'ai pas pu m'en empêcher. Je sais que rien ne te ferait plus plaisir que de me voir en boléro jaune, très beau, très droit. Que je t'invite à danser.

Eh bien, tu vois, c'est ma façon à moi de grimper sur la table. De redescendre et de te faire tourner dans mes bras.

Je t'embrasse tendrement.

Éric

Olivier Adam

Les cartons

Derniers ouvrages parus :

Poids léger, L'Olivier ; *On ira voir la mer*, Medium ; *À l'ouest*, L'Olivier - Pocket ; *Je vais bien, ne t'en fais pas*, Le Dilettante - Pocket.

[illegible]

[illegible]

Derniers ouvrages parus

[illegible]

Agay,
le 20 septembre 2002.

Tu as posé le dernier carton un peu brusquement, à cause de la fatigue. Tu as dévalé les six étages pour garer la camionnette un peu plus loin et tu es remonté. Les marches étaient étroites et glissaient. Tu as dû faire courir les clés contre le mur, du moins c'est ainsi que je t'imagine. Tu as frappé à la porte et je n'ai pas répondu. Juliette, c'est moi. Ouvre bordel, tu as dit, et puis tu as frappé à nouveau. J'ignore ce que tu as pu penser à ce moment-là. Que j'avais dû ressortir pour faire une course. Acheter des sacs-poubelle ou une bouteille de vin. Tu te disais elle reviendra bientôt, ses yeux seront un peu rouges, je verrai bien qu'elle aura pleuré. Tu m'imaginais descendre l'escalier et me hâter dans la rue, pour trouver un coin tranquille où je pourrais me laisser aller. Tu pensais elle a dû prendre le temps de se calmer, a marché jusqu'au Franprix que nous avions repéré en nous promenant dans le quartier, on s'était dit alors, t'en souviens-tu, que ce serait pratique. Tu t'es dit que j'avais dû entrer là et choisir de quoi constituer un repas, des œufs, des pâtes, du rouge.

Que j'avais dû aussi acheter des bougies. Tu as pensé en arrivant, elle s'excusera de m'avoir fait attendre. Il y avait la queue aux caisses me dira-t-elle. Tu as pensé elle fera tourner les clés et je la suivrai. La pièce sera pleine des cartons accumulés durant des semaines. Il n'y aura quasiment aucun meuble, juste un matelas, une table et deux chaises. Tu pensais oui c'est ainsi que ça va se passer, elle me demandera de fouiller pour trouver de quoi mettre un peu de musique, un truc un peu triste, Palace ou autre chose, tandis qu'elle préparera le repas. Tu te disais j'allumerai une bougie au centre du plus large carton, nous mangerons accroupis de chaque côté, nous boirons trop pour ne pas pleurer et mesurer l'étendue du désastre.

Tu t'es assis sur les marches pour m'attendre. Tu devais avoir sommeil. Tu as dû sentir à ce moment précis la tristesse t'envahir. Toute la journée, on avait tenté de lutter contre ça. De ne rien laisser paraître. On se l'était dit. Il faudra que ce soit joyeux. On va prendre ça comme un jeu. Ça c'est à toi, ça c'est à moi, le reste on tire à pile ou face ou on le joue au poker. Cet appartement, qui aurait été le mien, on l'avait cherché ensemble. Je guettais les annonces, dans les journaux, les devantures d'agences immobilières. Je m'inquiétais de ton avis. On avait fini par dénicher un studio ouvert sur le ciel et le zinc, près de la porte de Clichy. On avait toujours aimé la place du même nom, à quelques encablures de là, ce grand manège enluminé et grouillant. Le type de l'agence nous avait dit : vous serez bien ici. Nous avions répondu par un sourire et l'avions remercié. Il fallait attendre un mois pour que l'appartement se libère. C'était parfait, c'est ce qu'on s'était dit alors, que c'était parfait, juste ce qu'il fallait pour se préparer, s'habituer à l'idée.

Tu as entendu des pas dans l'escalier. Tu t'es penché par-dessus la rambarde. Un type montait lentement, la cigarette bientôt consumée coincée entre les dents. Il a fouillé dans les poches de son imperméable. Tu as entendu le cliquetis métallique des clés que l'on agite. Par la porte d'en face s'échappaient le son d'un téléviseur et des bruits de vaisselle, moi aussi, à l'intérieur de l'appartement, silencieuse et séparée de toi par la porte verte, je pouvais l'entendre.

Tu as sorti ton téléphone de ta poche et tu as composé mon numéro. Tu es tombé sur la messagerie. Tu as souri comme à chaque fois à cause de la petite blague en guise d'annonce, je sais que tu l'as fait.

Tu as attendu encore un peu. Avant de redescendre, tu as frappé à nouveau, l'oreille à la porte. Je n'ai pas répondu. Tu as dû repenser à cette fois où, terrée dans notre ancien appartement, je t'avais laissé dehors. Nous nous étions engueulés et tu étais sorti faire un tour. Tu n'avais pas pris tes clés. À ton retour, tu avais frappé et déjà je n'avais pas répondu. Tu avais gueulé dans le couloir et j'avais fini par t'ouvrir, furieuse parce que les voisins avaient dû t'entendre.

Tu es allé voir le concierge. Il ne comprenait rien à ce que tu disais et vice versa. Il a fini par te suivre. Tu l'as laissé ouvrir la porte. Il t'a dit « personne ». Il t'a laissé les clés et s'est tiré sans rien dire. Je n'étais plus là. Les trois fenêtres étaient grandes ouvertes. Tu as dû penser que je m'étais envolée, tu étais tout à fait capable de penser sérieusement à une telle éventualité. On entendait des mouettes. Tu t'es dit que d'ici on aurait pu sentir la présence de la mer. Tu pouvais penser à ce genre de choses, aux portes de Paris, au bord extrême du dix-septième arrondissement, tu pouvais sentir la mer. Moi pas. Aujourd'hui, bien sûr je la sens. Bien sûr. Je fume dans le noir, lentement balancée, je contemple la baie, les lumières jaunes et troubles, le sentier dans la nuit, les parfums sauvegardés, les ombres fines et précises des oliviers, des chênes-lièges. Il y a un peu de vent, plus rien ne me pèse, tout semble passer. Comme une petite maladie.

Un instant, la panique t'a gagné et tu t'es précipité pour voir si la cour intérieure était intacte. Sûrement, tu as imaginé la bouillie de mon corps démantibulé contre le pavé et le concierge qui passerait à côté en faisant semblant de rien. Il s'enfermerait à double tour en maugréant qu'il allait encore devoir tout nettoyer. Tu as pensé à cette vieille chanson d'Alain Bashung. *Les petits enfants qui tombent du balcon / Toute leur enfance défile dans leurs yeux / Elle est courte et ils s'ennuient même un peu.* Puis tu as disparu et je suis sortie du local à poubelles.

Tu t'es assis par terre, tu as dû rester là dans le silence assez longtemps. Le soir s'est installé et la pénombre a gagné la pièce. Je ne sais pas combien de temps tu as pu passer ainsi prostré. Quand tu t'es levé, il faisait tout à fait nuit, tu as ouvert le carton où j'avais inscrit au feutre bleu le mot « lampes ». Tu en as branché une, l'abat-jour tamisait la lumière. Il faisait un peu froid. Dans un autre carton, tu as trouvé des coquillettes et un petit bocal de sauce tomate. Tu as fait bouillir de l'eau. Il n'y avait pas de vin. Seulement du whisky irlandais. Tu n'as pas trouvé les verres. Tu as bu à la bouteille, trois larges gorgées, comme je t'avais déjà vu faire au matin, souvent, parfois, lorsque tu allais au bureau et que tu te sentais incapable de même décrocher le téléphone, je n'aimais pas te voir ainsi, je me sentais impuissante. Tu as senti le liquide passer dans tes veines et tes artères, irriguer ton corps en longeant tes os. Ta gorge s'est peut-être un peu desserrée. Tu as fini la bouteille. La tomette était froide et dure. Pas idéale pour trouver le sommeil. Tu as somnolé en regardant le plafond qui tanguait. Rien n'était droit dans cet appartement. Tu as entendu la clé dans la serrure. Je suis entrée sans faire de bruit. Je me suis déchaussée doucement. J'ai ôté mon manteau, l'ai posé sur un carton. Je me suis allongée près de toi, sur le sol dur. Mes joues étaient gelées. J'avais pleuré et ma peau était encore un peu humide. Tu as tourné ton visage vers le mien. Ton haleine était tiède. Tu as caressé mes cheveux jusqu'à ce que je m'endorme.

Quand tu t'es réveillé je n'étais plus là et c'était il y a six mois déjà.

Dimanche, c'était la nuit et je venais d'allumer la lumière, deux papillons se sont mis à voleter en tous sens. Le téléphone a sonné, c'était sûrement toi, à vrai dire sur le coup je n'y ai même pas pensé, à vrai dire il y a loin que je ne pense plus à toi quand sonne le téléphone, je l'ai laissé faire, j'ai mis la radio. Antoine a ouvert la porte-fenêtre, s'est avancé sur la terrasse. Il a dit que c'était beau avec sa jolie voix grave, son bel accent. Je suis allée chercher deux verres de porto blanc. Il se balançait dans le fauteuil. Il s'est approché de moi et m'a embrassée. Sa main droite allait et venait dans mon dos, sous mon tee-shirt.

Je t'écris et j'ai presque oublié ce jour où tu m'as dit que tu me quittais. Tu venais de me dire ça. Il y avait le repas que nous n'avions presque pas touché. La bouteille que nous avions vidée, et la musique qui jouait et me rendait folle. Je n'ai rien dit, j'ai serré les dents, après je ne me souviens plus. C'est si loin tout ça. Si loin.

Et puis tu m'as appelée à nouveau et c'était hier. Cette fois, j'ai décroché. Il était plus de minuit, je ne dormais pas. Ça faisait si longtemps que je n'avais pas entendu ta voix. Depuis cette nuit-là. Tu vois je l'avais vraiment oubliée. J'ignore comment tu as eu mon numéro. Mes parents, sans doute. La manière dont tu as dit bonsoir, ta gêne, le souffle derrière, tout ça j'ai tout reconnu. Tout ça comme avant, au début surtout, les heures et les heures au téléphone. Tout ça identique mais vraiment je m'en foutais. Je n'ai rien dit, j'ai regardé la baie, les petites lumières, le combiné collé à l'oreille. Antoine n'était pas là mais c'est à lui que je pensais, tu vois, je l'imaginais seul à la réception de cet hôtel pour touristes, tout seul au rez-de-chaussée d'un immeuble un peu tape-à-l'œil, au crépi rose et la mer devant. Je me suis dit il rentrera au matin et nous ferons l'amour. Je boirai mon café, puis je descendrai à l'auberge. Je passerai la journée à servir des Perrier citron et des demis à des vieux chauffés par le soleil de septembre, des étudiants, des couples sans enfants. Ce week-end on ira dans les calanques.

Tu m'as demandé si ça allait. Je n'ai pas eu envie de répondre.

C'est si loin tout ça.

Je t'ai demandé de ne plus m'appeler et j'ai raccroché. Je suis sortie sur la terrasse. Plus bas, dans une maison cernée de pins immenses, on jouait de la guitare. Je me suis déshabillée, je me suis glissée sous les draps. J'ai pensé qu'Antoine à l'aube arriverait en silence, qu'il ferait le tour et entrerait par la porte-fenêtre, qu'il se glisserait dans le lit, entièrement nu, qu'il mordrait mon cou et que je sentirais son sexe tendu contre mes fesses.

Je n'ai pas pensé à toi. C'est si loin tout ça.

Jacques Séréna

La lettre à Séréna

Derniers ouvrages parus :

Plus rien dire sans toi, Minuit ; *Rimmel*, Minuit ; *Lendemain de fête*, Minuit ; *Isabelle de dos*, Minuit.

Pas envie de ressembler à tes héroïnes de roman, parce que c'est trop moi, toutes ces elle, alors à quand le plongeon dans le port ou la chute à vélo ou le viol collectif, pense à me prévenir un peu à l'avance, que je prenne mes dispositions. Je sais que ma lettre ne répondra pas à tes cartes, d'abord il n'y a rien à répondre, toi non plus tu ne réponds à rien, personne ne répond jamais à personne, rien de raccord, tu as dû remarquer, toi le crac du monologue croisé. Ce qu'il y a quand même, avec toi, c'est que tu trouves toujours ce qui me relance, ce qui me fait sentir qu'il y a toi maintenant pour moi, cette possibilité d'appeler si je suis mal, de savoir que quelqu'un entendra, ou pouvoir même carrément te demander sans que ce soit un dû ou un rendu, mais au fond je sais que je trouverai toujours le moyen de te rendre, par exemple en modèle pas très top, pas trop modèle non plus, je me connais, je te connais. Mais sans tomber dans les plans love story, cette lourdeur, on a dit juste amis, même pas, on n'a rien dit, et on va faire comme ça, voilà, n'importe quoi, comme tes cartes sur mes murs, rien ou n'importe quoi, en couleurs bizarres, rectangles magiques qui me reflètent tes halls de gare, tes taxis de nuit, tes chambres d'hôtel, recto ou verso pour suggérer juste assez ou donner libre cours.

Et toi tes murs nus sans tous mes petits mots que je t'ai écrits mais jamais envoyés, et où, si j'avais osé, tu bouges trop, mais c'est bien, tes domiciles pas très fixes, ça fait un vrai empêchement pas ma faute, je te jure, du style garde-fou, bref, j'ai tous ces petits bouts de vie gardés pour moi toute seule qui risquent de resurgir un peu là en différé, dans ce grand mot de cette nuit. S'écrire c'est toujours pour essayer de s'échanger des bouts de moments vécus trop seuls, essayer de se découvrir un peu pour l'autre, se donner à voir. Moments même banals, ou actes manqués, manqués oui mais à qui, à qui le plus, justement, j'ai envie de ne plus trop te manquer, cette nuit, alors je me prends la tête pour essayer d'en retrouver une partie, du mieux de ce que je ne t'ai jamais envoyé, manière de best of très arbitraire, ou manière de risquer là ce que je ne pouvais pas avant.

C'est sûr que le fait que tu sois l'ami de l'amie n'a pas aidé, il a fallu beaucoup plus d'échanges de phrases gênées et de délires en fond sonore d'ambiance musicale recherchée, pour m'avouer l'alter ego, quelqu'un proche de mes sentiments les plus intimes, et mine de rien la relation s'est tissée, comme une toile d'araignée, fil à fil, par hasards de moments non choisis de la vie où tout était prétexte à voir à quel point on se captait, pas d'arrière-pensées à la base, pas de sentiments lourds à craindre, rien qu'un renvoi du plaisir de parler pour le plaisir de parler, de rire à deux de tout, de pouvoir tout se montrer sans que ça porte à conséquence, et c'est bien toi le premier qui as défloré tous ces petits secrets dans mes cahiers, personne avant toi n'en avait lu une ligne, personne n'avait eu envie ou demandé.

Comme pour ces photos de moi, quand je voulais croire que l'idée venait juste de te venir, et peut-être que c'était le cas, mais c'est aussi bien de penser que depuis des lustres tu préméditais, et le paysage venu en surimpression, présage d'épisodes futurs, ça aussi on n'aurait pas pu le vouloir, l'imaginer, même si on avait voulu, même si on avait su qu'on voulait, cette photo que sur le moment on a crue ratée, comme quoi, tu vois. On se parle littérature et peu à peu ça se trame et un beau soir on se met à attendre la suite, à cause de quoi on se répète l'un à l'autre le mot amitié, et on a raison, en plus. Vu que l'amour n'a jamais mené qu'à une fin destructrice et vengeresse, on est d'accord, mais est-ce que l'amitié ça va jusque-là, fait ça, d'à chaque fois nous pousser à et nous retenir de, dans tous ces petits bouts d'histoire parfaits à leur façon d'être imparfaits.

Comme ces nuits complètement éclatées de l'étrange été où je t'ai appelé pour me conduire à mon rencard avec un autre, et où tu as achevé ta vieille 304, et toi, personnage anachronique dans la scène où tu ne devais pas figurer, te retrouvant en plein au milieu du plan fixe de nuit d'ivresse à partager mon attente vaine, mon délire de trop-pleins, confessions, absolutions et tout le tremblement, moi et mes audaces de givrée trop bien élevée. Surtout le recul du matin qui joue de ses tours, au final l'effacement quasi total de celui qu'on croyait attendre et, de l'histoire, ne reste que la densité de l'attente, la lente et belle découverte de celui avec qui à la fin on n'attendait plus. L'histoire, c'est moi qui t'y ai entraîné, mais c'est toi qui t'en es approprié la suite, comme si elle avait toujours été tienne, et c'est toi qui l'as fait s'ancrer en moi. Sans parler d'amour, vu que l'amour est fait pour lasser ou être lassé, et toi non. Toi, tranquillement tu as volé le premier rôle, mais les premiers rôles n'ont pas toujours le bon rôle, pas toi qui diras le contraire, ni l'une ou l'autre de mes plusieurs dans tes romans. Je veux dire, tu catalyses en moi une magie que je croyais perdue, à force de me disperser sans rien qui retienne, rien qui se tient, tu es mon révélateur, où je me redécouvre, où je puise l'envie de me reprendre, me corriger. Notre relation se fonde tant sur le fond, sur le vécu et l'affinité du futur, que sur la forme, le moyen d'exprimer ce futur, et de ça seulement aujourd'hui je me sens sûre, et là je vais t'étonner mais tous ces voyages que tu fais en solitaire et que tu m'as un soir demandé de partager, moi un peu réticente, je les accepte maintenant, à tous mes risques et périls bien calculés, et qu'est-ce que les autres vont penser de ces deux, si proches et si complices, mais pas, surtout pas accouplés, mais pouvant partager un maximum en un minimum de temps, de lieu, et pouvant s'en parler des heures en riant.

Toujours en riant, parce que entre nous ça doit toujours tenir du jeu, se maintenir entre, on doit s'y prêter, c'est bien de nous. Entre le mal à figurer et n'en plus pouvoir de s'exhibitionner, avec marge assez étroite, d'où tout l'intérêt. Ou histoire de s'y revoir, d'abord moi, à ma façon, qui doit d'ailleurs être la tienne, évidemment c'est la tienne, avec juste mes altérations inopinées de tes figures imposées quand on les découvre après sur papier glacé, tirage très limité, pour féline qui fêle out, pudique de chambre, l'air de subir ferme, et ça se voit. Évidemment ça me ramène la nuit des sales premières photos en noir dans le sale bar, où je ne voulais pas être, et puis j'y ai été, mais juste par mes vannes lancées avec ta voix à la moi, soixante-dix pour cent détaché, vingt-cinq pour cent en dérapage mal contrôlé, le reste perdu pour toujours, ma voix à la toi, comme tu l'entends. Vannes aux rogers qui osaient me proposer un verre, salauds mes mots, sur le coup ou à retardement, mais justes, toujours, même larguée, à plus d'heures, juste jusqu'à l'os, moi, jusqu'au bout de mes ongles noirs. D'accord pour en refaire, et cette fois pour de bon, des photos, d'accord pour être fixée, épinglée, arrêts sur image, comme par tes mots, que toi-disant tu ne fais pas exprès, alors fais-le exprès, ce que tu veux, qu'est-ce que tu veux, savoir ou voir, dis-moi, ou c'est tout su, tout vu. Va rendre ça noir sur blanc, toi, va me rendre, tu parles. Mais quand même, essaie, juste histoire de. S'y revoir un peu, s'y croire. En toute amitié, disons, s'il faut dire, se redire, ça ne boira pas plus de rien. Pour se transmettre, d'un moi profond à l'autre, et que ça fasse encore assez bien amis. Comme nos rencards jamais programmés, qu'on laisse faire, parce que tu bouges trop, et moi pas assez, que ça doit entrer en ligne de compte. Ou c'est parce que jamais je ne serai caissière, longtemps que je ne te l'ai plus dit, comme dans feu ta 304, ou c'était déjà la Ford, la 304 en fait c'était sans mots, jamais caissière, moi, c'est sûr, et toi non plus. Mais ces photos toujours pas assez bien, toujours à refaire, celles faites ne comptent pas, sont faites pour ne pas compter, rappelons-nous bien de ne pas les compter. Delete. Pas oublier d'oublier, voilà. L'autre nuit, j'ai repéré un beau mur taggé, j'ai vu où, pour moi, tu diras comment, quand tu voudras, ça me regarde, ça n'arrête pas.

Qu'on ne tienne pas à se retrouver à s'agiter l'un sur l'autre, ou qu'on tienne à se retrouver si souvent l'un face à l'autre sans s'agiter, ou qu'on tienne à se répéter si souvent à quel point on n'y tient pas, devrait suffire à ranger nos rapports dans la catégorie amicale, avec tout ce qui s'ensuit, la sépulcrale délectation de ne pas, en respectant, autant dire en cultivant. Toi, au moins, tes insanités passent le dimanche après-midi sur France Culture, et possible que ça suffise à un type dans ton genre de faire mordre la poussière toutes les dix pages à tes héroïnes, et que ce soit moi, toutes ces velvettes, que ce soit flagrant, et le sombre héros a encore joué de l'héroïne, comme on avait dit, ou déjà, le héros s'est encore bien fait plaisir, bien fait mal avec ses mots, ça lui suffit peut-être pour se sentir être, être ou avoir un autre été, a fortiori la nuit, et alors. Alors on va continuer comme ça, écoute-moi bien te raconter comment mes tarés occasionnels me le mettent, après tu me liras ce que Ner fait à Aline Hobt, ça devrait être dans nos cordes, je pense. Au fait, j'ai un film 400 ASA et j'ai retrouvé mon Polaroïd, ça devrait aller, intérieur nuit, extérieur nuit, trop parler nuit, si mon Rimmel tient encore le coup. Un jour, un des tarés m'a sorti qu'en fait j'étais le meilleur psy du coin, j'aurais dû t'en parler, parce que tu en es un autre, cher ami, et lequel des deux exorcise l'autre de son double visage, on se dira un peu, et ça nous occupera bien encore quelques nuits.

Excuse-moi, j'ai fait un break pour me resservir un verre et nettoyer ma vieille tête de lecture, au sens propre comme au figuré, et m'est venu que ce n'est pas la première fois que je te dis que je veux partager tes voyages et que là-dessus tu n'accroches pas et j'ai bloqué sur ça, résultat, en voulant reprendre mon mot, ça ne reprend plus, et du coup tes cartes au mur je n'en sens plus la magie, mais ça, ça m'est déjà arrivé, voir le dessous des cartes, tous tes je te serre, mais sers à quoi, et là j'ai la musique à fond et la musique est superbelle même sans toi, même avec l'idée que jamais toi dans moi, dire que les nuits de l'étrange été m'auront occupée jusqu'à maintenant, enfin, jusqu'à il y a un quart d'heure, tout a une fin, même ce qui n'a jamais vraiment commencé, c'est clair que tes gribouillages de docteur psycho killer ne m'étaient pas destinés, mais seulement à toi, comme un exutoire de rage et d'impuissance, what's up Doc ? just you Doc, et moi qui te soupçonnais de plans infernaux mais bâclés, alors qu'en fait tu improvisais dans la débâcle, si j'avais capté ça avant, j'aurais peut-être pu essayer d'aider au lieu d'enfoncer un peu plus de mon côté à chaque fois dans le glauque, au sens pas propre du tout, mais pas figuré non plus, sauf que moi, pas bien placée pour aider qui que ce soit, mes cordes trop raides, et dans l'ombre tes yeux vert serpent rivés à mon moindre geste inadéquat, moi engluée toute cernée par ces moi, même lues en diagonale, et l'histoire que je croyais plus vraie et qui n'était en fait qu'un autre épisode dans la grande série extermination, et si après tout il n'y avait jamais eu ni amitié, ni autre chose, ni rien, si rien finalement entre nous, y a pas que d'l'amour à vendre y a d'la haine aussi, chante-t-elle en même temps que la musique comme chute inopinée presque édifiante.

Arnaud Viviant

Chers cons

Derniers ouvrages parus :

Ego Surf, Calmann-Lévy ; *La Ville des grincements de dents*, Calmann-Lévy - Le Livre de poche ; *Replay*, Purple Books.

Chers cons,

J'ai fermement décidé aujourd'hui de rompre avec tous ceux qu'hier encore j'appelais chers camarades en roulant le *r*, et que j'appellerai désormais chers cons en mettant les points sur les *i*. J'ai décidé de rompre avec le Parti communiste français qui a été ma mère, ma sœur, ma femme, ma maîtresse et qui, maintenant, est une pute. Vous trouverez d'ailleurs, ci-joint à cette lettre, mon cœur en confettis, ma carte en morceaux et mon honneur tout entier. Si jamais cette lettre est insuffisamment affranchie, c'est que je ne sais pas au juste combien ça pèse, mon honneur tout entier. Bien sûr, comme je commence à vous connaître, je suis sûr qu'il se trouvera bien parmi vous un porc pour répondre : pas lourd. Eh bien, histoire de ne pas faire de jaloux, nous dirons que c'est plus spécialement à ce porc que je m'adresse.

Cher porc, donc. Oui, le Parti communiste français a été une mère pour moi. Je suis sorti de son ventre en gémissant contre la laideur du monde. Et le PCF m'a pris dans ses bras, soulevé dans la lumière, et il m'a souri faiblement. Il avait l'air épuisé de m'avoir enfanté, comme chaque fois qu'il accueille un miséreux, comme chaque fois que quelqu'un arrive avec la volonté de se soulever contre les imbattables. Pour moi, alors, le PCF, c'était l'orphelinat du monde, c'était les enfants de troupe de l'injustice, que des femmes de chambre engrossées par leurs patrons abandonnaient à la porte des églises, c'était la tétée des nourrices de la révolte. Le PCF avait les seins lourds du lait kolkhozien des luttes à mener.

Le Parti communiste français aura été une sœur pour moi. Grande immense sœur aux cheveux roux, carnet de bal toujours rempli, dansant toutes les nuits et travaillant le jour à l'usine. Je l'admirais ; et jalousais tous ces beaux ouvriers qui lui faisaient la cour, mordillaient ses épaules dénudées, baisaient ses lèvres sanguines ; puis qui, sans rien avoir obtenu d'elle, retroussaient leurs manches, crachaient dans leurs mains et s'en allaient crever en sifflotant.

Puis je me suis marié avec le Parti communiste français. Le rêve de monsieur Quidam était avancé. Les noces eurent lieu dans un film de Renoir, un tableau de Picasso, un poème d'Eluard. Il y avait des copains endimanchés, des bouteilles de vin plongées dans la rivière, *L'Internationale* jouée en mode mineur par un accordéoniste aux cheveux blancs, de pauvres invités, et des cerises volées aux arbres en guise de pièce montée. Pas besoin de maire, encore moins du bon Dieu. Je pris ma femme par la main, nous traversâmes le village pour clamer à tous que c'était fait, l'union immédiate par le corps et par l'esprit, ma foi c'était un bon parti.

Mais le Parti communiste français fut aussi ma maîtresse. Nous nous donnions des rendez-vous secrets aux abords des usines, dans les maquis, dans les fourrés, près des voies de chemin de fer, ou le soir au fond des ateliers. Nous étions heureux et fiers de notre illégalité. La nuit, nous écrivions notre nom sur les murs décrépis pour que tout le monde sache que nous nous aimions. Nos complices étaient cheminots ou typographes. Ils nous cachaient dans la conscience de leur métier, narraient la vérité de nos rêves et nos rêves de vérité, puis les distribuaient dans les journaux et les wagons, vers le pays tout entier. Les meilleurs poètes de France étaient avec nous. Nous inspirâmes alors plus de vers que les Grecs.

Mais la mère est morte, les seins aussi secs que les yeux. Plus de lait, ou alors tourné. Ma sœur s'est vérolée, à force de coucher avec des aigrefins staliniens et des vautours cégétistes qui ne valaient pas mieux. Ma femme m'a cocufié avec des apparatchiks, de petits employés sournois et calculateurs du Politburo, et ma maîtresse m'abandonna la nuit et rejoignit bien vite ma femme au lit pour de monumentales parties de Realpolitik. Oui, le Parti communiste français est devenu une pute, et pas la meilleure, bien qu'elle sache convenablement ouvrir les jambes en V, dans ce bordel de luxe qu'est toujours un gouvernement dans une social-démocratie. Les typographes ont disparu, et les cheminots font grève tous les quatre matins, pour défendre des acquis corporatistes qui laissent la classe ouvrière à quai. La poésie a disparu.

Bien sûr, ce n'est pas le mont Valérien, mais sache que je ne cotiserai plus à tes rêves de poule de luxe de la gauche plurielle, je ne collerai plus tes affiches de starlette prolétarienne, je ne chanterai plus faux *L'Internationale* dans tes rangs, je n'irai plus à tes meetings perdants, je me désolidarise de la rentière révoltée que tu es devenue. Ne me compte plus parmi ta soldatesque, ne te réclame plus jamais de mon nom. Rigole, si ça te fait plaisir, fais-en des gorges chaudes au Comité central, mais j'oppose la générosité de ma désertion à la mesquinerie de tes engagements actuels. Plutôt n'être rien que le reître de tes matamores.

Je suis communiste, donc je quitte le Parti communiste français. Un homme gémit, mais grandit à te perdre. Voilà au moins une histoire d'amour qui finit bien.

Arnaud Viviant

Annie Saumont

Cher

Derniers ouvrages parus :

Les Derniers Jours heureux, Joëlle Losfeld ; *C'est rien ça va passer*, Julliard ; *Noir, comme d'habitude*, Julliard - Pocket ; *Je suis pas un camion*, Julliard - Pocket.

Institution Saint-Joseph

En salle d'informatique,
le 18 février 2002, à midi trente.

~~Cher~~ *Alexandre,*

J'ai dit « Cher » par habitude, je vais le barrer tout à l'heure parce qu'à partir d'aujourd'hui t'es plus mon ami. Avec les Mac déglingués de la boîte je sais pas faire une croix. Je suis là en douce, le pion a laissé la clé sur la porte j'ai intérêt à me grouiller pendant qu'il surveille la cantine, pas moyen d'appeler à l'aide. Tu perds rien pour attendre, aussitôt ma bafouille imprimée je barre avec mon crayon-bille. Ça veut dire que tu étais « cher » et que maintenant c'est passé. Voilà. Et même ce sera plus saignant au Bic rouge. Du rouge ça doit pouvoir se mettre avec l'ordi. Ma mère prétend que nous les jeunes on est doués en informatique mais y a plein de choses que je pige pas, je bri-

cole. Jérôme, mon cousin qu'a cinq ans de plus que moi, quand je lui pose des questions à ce sujet il se marre. Ça me tue.

Bon. Je t'écris pas pour parler du cousin. Je t'envoie une lettre d'engueulade, Alex, et si ça t'énerve t'as qu'à pas la lire. Après viens pas me demander pourquoi je t'attends plus quand on se défoule en roller. Ni pourquoi j'en ai rien à cirer de tes billets d'entrée à la disco que ton cousin à toi t'a refilés gratos. C'est débile la techno. Il est temps qu'on pense aux choses sérieuses. Il est plus que temps. Il est même trop tard.

Ce bac on l'aura pas. Tu dis que cette année on l'a pas perdu, le temps. Qu'on remettra ça l'année prochaine. Tu parles de découverte, la prise de conscience des corps, tu dis. Ben oui, j'ai découvert qu'un corps de gars c'est chouette. Avec les filles, j'ai toujours balisé. Toujours depuis que cette gamine en grande section de Maternelle, y a des siècles, comme j'avais envie de pisser et que je baissais mon jogging, en a profité pour me mordre la bite.

Le bac c'est pas pour demain. Mais ce qui nous attend après-demain ça devrait te donner les boules. On verra si tu feras ton caïd le 20.02.2002, mercredi c'est-à-dire. La terre tournera à l'envers, tout sera déréglé, les fleuves et les océans, le mouvement des planètes et à 20h02 les humains crèveront, juste au début des infos. Fini, les histoires de présidentielle et de pédophilie, les attentats, la météo, les médailles d'or de Salt Lake City. T'as vu le programme super des sauts acrobatiques ? Et le gars qu'a bien l'intention de foncer à 130/km/h aplati sur son skeleton, le menton au ras du sol. Leur gloire aura servi à rien puisqu'ils vont être entraînés dans une catastrophe cosmique. À cause de toi, hé patate. Qui veux pas t'activer les méninges.

Je te l'ai dit et répété y a qu'une solution pour s'en sortir. Je l'ai entendu à France Inter. T'as beau rabâcher que je suis pas de mon époque, que j'ai un mental d'un autre âge, tu penses un peu comme moi dans l'ensemble. Tu m'écoutes quand je propose un coup de main pour la bouffe des SDF et si on n'est pas très forts en cuisine reste la manutention. T'as été d'accord que fallait aider les petites mémés qu'ont du mal avec leurs courses, t'as promis que tu leur faucherais rien, tu les laisserais pas dans la merde quand le sac plastique a pété et que les pommes rebondissent sur les marches de leur escalier pourri. Mais que la terre tourne à l'envers tu t'en cognes. Paraît pourtant que ça aura des réactions incroyables. Typhons, raz de marée, cyclones. J'ai demandé à un prof qui vit dans mon immeuble - je le rencontre souvent achetant ses nuitgraves au tabac - il m'a dit,

Pourquoi tu voudrais que la terre se mette à tourner dans le sens inverse y a pas de raison, et puis il a déclaré, Je file à la réunion des parents d'élèves, à plus.

J'ai demandé aussi à mon cousin qu'était chez lui, en string, dans la posture du lotus sur un tapis made in India. Il m'a répondu, Ça chaufferait. Puis il a marmonné Brrr brr comme s'il se gelait les bonbons. Mais je t'écris pas pour parler du cousin.

Donc. À France Inter hier matin, ils ont dit que les Anciens, plus conscients que nous de ces risques astro-tellurico-giratoires (c'est le terme qu'ils ont employé), avaient trouvé un remède très simple et qui tient du miracle. Les Anciens ont inventé la Danse du Grand Palindrome - ils ont dit double palindrome. Le mec de la radio a raconté que la dernière fois le 11.11 de l'année 1111 les gens ont décidé que tous à 11 h 11 se prendraient par la main, tous les gens de tous les pays pour danser une vraie java dans le sens habituel du mouvement de la terre. Et l'humanité a été sauvée. Nous aussi, encore dans les limbes comme dirait l'aumônier (déconnecté, le mec). Faudrait recommencer le 21.12.2112 à 21 h 12. Ceux qui seront toujours en vie puisque maintenant ça se fait d'être centenaire. Et les nouveaux.

Toi qui voulais le bonheur universel - beau programme - t'as pas réagi. Tu t'accroches à notre vie quotidienne. Pas pour longtemps car dans deux jours - sauf si on se magne terrible - ce sera la fin du monde. Je t'écris avant la fin. Parce que je veux que tu le saches au bord de la cata: t'es plus mon ami. D'ailleurs comment je pourrais encore t'appeler mon ami puisque t'as flashé sur Karine. Et que je t'ai vu l'embrasser. Dans la chapelle de la Vierge, juste avant la confession. Me dis pas que c'était un merci pour le devoir de latin qu'elle t'a passé elle est nulle. Elle a eu un 4 au dernier contrôle.

Y a d'autres filles qui sont belles, Sasha Cohen, Michelle Kwann, Irina, Yva, Zali, les patineuses. Je les ai vues aux infos. À Salt Lake City. Les mormons de Salt Lake City jadis ils avaient des manières bizarres. Paraît que les maris s'offraient plusieurs femmes, la polygamie c'était leur truc. Peut-être que j'aurais dû m'adresser à une femme pour la ronde dans le bon sens. Les femmes ont parfois des idées. J'ai cherché dans les journaux les détails sur le palindrome et la façon de s'en tirer. Rien dans La Croix. J'ai essayé Libé, j'ai lu un article. Une fille disait qu'il s'agissait pas d'une seule ronde sur toute la planète mais de petites rondes ici et là, chez soi, au stade, devant le poste de télé, ou sur les lieux du travail pour ceux qui font les trois huit, des petites rondes qui se mettraient en branle à 20 h 02 le 20.2002 et ça s'enchaînerait dans le prochain fuseau horaire et cetera. Génial. Voilà, je t'ai tout expliqué. Tu peux pas dire que je t'aurai pas prévenu. Malgré que les cours te débectent t'es un gars plutôt scientifique alors tu ris de ce qui me stresse, moi qui écris des poèmes.

Ben oui, c'est con d'être poète. Vaut mieux s'intéresser aux équations et aux formules.

On aura parcouru ensemble un bout de chemin. C'était cool. Même si l'aumônier te range dans les mauvaises fréquentations (il l'a dit à ma mère). Je te quitte au carrefour. Salut.

Jean

P.-S. T'as vu? J'ai trouvé la commande du Mac pour avoir une vraie écriture ou presque. On choisit ça dans les « polices ». Encore une illusion des apparences. Nous deux aussi c'était l'illusion. Tu m'as blousé total. Karine, tu vois, elle est pas une fille comme les autres je crois qu'elle et moi ça aurait marché si tu te l'étais pas tapée. Avec elle j'aurais oublié tes caresses qui sont des fautes, l'aumônier l'a dit. Peut-être que Dieu a voulu m'avertir, m'indiquer la bonne route. Mais voilà qu'à présent je pense que mon cousin il est top quand il pratique son yoga presque tout nu sur le tapis. En fait les muscles des gars sont plus bandants que les rondeurs des filles. Pourtant le 20.02.2002 la sainte du jour c'est sainte Aimée. Et sûrement ça tombe comme ça parce que Dieu veut me dire quelque chose. À propos de toi. Ou de mon cousin.

Ciao. En conclusion je répète que t'es plus mon ami. D'ailleurs dans deux jours on est morts. Je sens que cette fois ça aura rien à voir avec la queue d'une comète frôlant les sommets de l'Himalaya ou bien la météorite creusant son trou dans un désert. Ce sera le Jugement dernier.

Allez, terminé. On se reverra face à l'Éternel. Souviens-toi que pour être sauvé faut pas manquer de réciter au moment fatal un acte de contrition.

Jean-Marie Laclavetine

Jeanne

Derniers ouvrages parus :

La Loire, National Geographic ; *Le Pouvoir des fleurs*, Gallimard ; *Première Ligne*, Gallimard ; *Demain la veille*, Gallimard ; *En douceur*, Gallimard.

Jeanne,

Le plus dur, quand il faut finir, est de commencer. Expliquer ce qui n'a pas de sens. Je ferme les yeux, et des phrases serpents se tordent à l'intérieur de mon crâne. J'aimerais avoir quelque chose à te reprocher, Jeanne, pouvoir t'écrire une lettre aussi précise qu'un constat d'huissier ; malheureusement mes pensées sont des lumignons éteints, incapables de me guider dans le brouillard où mon esprit tente de trouver des raisons.

Je ne comprends rien, si ce n'est que la fin est venue.

C'est simple, c'est tout : la fin venue. Je ne la voyais pas comme ça notre fin, pas si tôt, pas si vite. Pas silencieuse, pas ces mots griffonnés en douce, ces mots lâches qui tremblent sur la feuille entre tes doigts pendant que tu les lis. Tu aurais préféré me voir, bien sûr. Tu m'aurais attendu sur le quai comme prévu, j'aurais prononcé les mots qu'il faut, en te regardant droit dans les yeux. Ou plutôt hélas le bitume sale du quai, je me connais. Tu aurais trouvé cela plus juste, plus digne. Un jour peut-être tu me remercieras de nous avoir évité cette scène, évité de patauger dans des mots et des gestes inutiles, menteurs.

Cesse de te demander ce que tu as fait ou dit, cesse de chercher à comprendre. Tu n'as rien fait, Jeanne, rien dit. Les dernières paroles que nous aurons échangées étaient pleines de tendresse grave et de promesses, pleines de nos rires à venir, toutes ces conneries, pleines de nos enfants, qui sait. De notre futur.

Crois-moi, je suis moi-même abasourdi par ce que je suis en train de t'écrire.

Je ne sais pourquoi une phrase m'obsède depuis tout à l'heure, une phrase lue dans un livre, ce sont les mots d'un homme qui arrive devant le lit où repose sa mère, suicidée de la veille, cela n'a rien à voir avec nous et pourtant je ne saurais pas trouver plus juste pour nous décrire aujourd'hui : « Même ce corps mort me semblait effroyablement abandonné et avide d'amour. »

Il ne s'est rien passé, Jeanne. Comme prévu après t'avoir parlé au téléphone, l'autre soir, j'ai appelé la gare pour commander mon billet de train. J'ai commencé à préparer ma valise, à penser aux habits que je mettrais, à ceux que j'emporterais. Au cadeau que j'achèterais pour toi le lendemain. Je l'ai acheté en effet, il est dans le casier à bagages, à l'abri entre mes pulls et mes chemises. Le train fonce vers toi à deux cents à l'heure, et j'aligne ces phrases absurdes sur le papier quadrillé du bloc-notes posé sur la tablette vibrante en essayant d'imaginer ton visage quand tu les liras.

Rien passé du moins dont tu puisses avoir conscience. Rien que tu puisses te reprocher. Tu me parlais, mardi, pleine de l'appréhension de cette semaine que nous avions décidé de passer ensemble, une semaine entière, pour la première fois. Encore deux jours à attendre avant de nous retrouver sous la verrière de la gare Saint-Jean, de nous serrer l'un contre l'autre, peut-être, ou de nous saluer timidement dans la bousculade des voyageurs sans oser tout d'abord nous toucher : les mille variations de cet instant que nous ne vivrons pas j'en projette le film sur la vitre derrière laquelle défile un paysage indifférent, deux jours disais-tu, dans deux jours nous serons ensemble, ensemble, ensemble, et ce mot que tu as répété plusieurs fois au téléphone, Jeanne, s'est refermé sur moi comme une herse.

Même ce corps mort, abandonné, avide d'amour.

Ta voix la première fois que je l'ai entendue, un an presque jour pour jour. Après avoir décroché le téléphone ce soir-là, j'ai d'abord cru à une erreur, pris au dépourvu par le ton posé, le timbre grave. Après avoir raccroché, j'ai revu en un éclair ma vie sentimentale, comme on dit, cette accumulation de fuites et de foirades, cet intéressant gâchis. Des femmes passent, me traversent, il n'en reste que des brûlures. Cette première fois, bien sûr, j'ai oublié de quoi tu parlais mais je me souviens de ta voix calme, rassurante, et de m'être dit que peut-être. J'essayais d'imaginer ton visage, ton corps.

Comme je me suis menti. Comme je t'ai menti.

Ce corps mort.

Le train arrivera dans un quart d'heure en gare d'Angoulême. Je ne connais pas cette ville. Je ferai un tour dans le centre, en attendant le prochain train retournant vers Paris. Avant de descendre, je confierai la lettre et le cadeau à un voyageur. Cette dame, par exemple, qui lit *L'Ami des jardins*.

Nous avons eu tort de croire cela possible.

Notre première rencontre c'était donc ta voix au téléphone, un soir, nous aurions dû en rester là, ne pas décider de nous voir.

Tes lettres aussi. Arrivant régulièrement, deux fois par semaine, toujours postées au même endroit, toujours écrites au feutre bleu. Et je voyais un signe supplémentaire dans le hasard qui te faisait habiter à Bordeaux, où je suis né. J'allais revenir à la source, tout reprendre de zéro, effacer d'un coup des années de méprises et d'illusions. Habiter si loin l'un de l'autre était moins une épreuve qu'une chance. Tout le temps que nous passions séparés nous permettait de nous construire, patiemment, de nous révéler comme une ancienne pellicule oubliée dans un tiroir, et dont le développement ferait surgir des images désapprises, des images d'avant, harmonieuses et paisibles. Voilà ce que je me disais.

Ensemble. Ce mot répété plusieurs fois, mardi. C'est seulement en montant dans le train, tout à l'heure, que l'écho m'en est revenu. J'ai revu Claire, Sophie, Gina, trois femmes, trois brûlures. Ensemble. Les ennuis, les colères, les dégoûts, les morsures, parce que nous étions ensemble. Après le départ de Gina, deux ans sans faire l'amour. Le train quittait à peine la gare Montparnasse, j'ai pris le bloc-notes dans ma valise, je l'ai posé sur la tablette, j'ai commencé à t'écrire, la première phrase a mis si longtemps à perler. Le plus dur, quand il faut finir, est de commencer. Deux ans sans faire l'amour, deux ans d'apnée, et ce geste enfin de survie, cette annonce passée dans un hebdomadaire, ton coup de téléphone la semaine suivante. Une annonce, moi. Gina aurait bien rigolé. Ta voix grave, tes lettres, l'écriture bleue, hachée, penchée. Notre commun accord de différer la première rencontre. Un an de lettres, de conversations téléphoniques interminables et douces, l'espoir qui germe lentement. Notre décision de ne pas nous envoyer de photos. Je t'ai imaginée, je t'ai peinte, je t'ai inventé des visages et des corps. Un an ! Comme nous nous sommes menti. Jusqu'à ce train pris ce matin, dans lequel je rédige une lettre d'adieu à l'intention d'une femme que je n'ai jamais vue. Il commence à ralentir à l'approche d'Angoulême. Je vais terminer ma lettre, la confier à la vieille dame ainsi que ton cadeau, lui demander de les remettre à une femme de trente-cinq ans vêtue d'un imperméable blanc, qui se tiendra comme convenu face à la porte de la voiture onze. À moins que tu aies réfléchi, toi aussi, et que sur le quai, face à la voiture onze, ma vieille dame trouve un porteur d'enveloppe.

M.

Yves Bichet

Vrai, tu fais chier

Derniers ouvrages parus :

Chair, Fayard ; *La Femme Dieu*, Fayard ; *Les Terres froides*, Fayard ; *La Part animale*, Gallimard.

Grignan, le 17 avril 02.

« Vrai, tu fais chier. »

J'ai envie de t'appeler Vrai. En fait, tu t'appelles Jan Laurens Siesling. Est-ce qu'on peut commencer une lettre comme ça : « Vrai, tu fais chier » ?... Je t'appelle Vrai, mais je pourrais t'appeler Fosse.

Allez, va chier, Vrai... Je vais t'appeler Auteur.

Auteur ou pas, je crois qu'on a les pieds dans le même bocal.

Rappel des faits :

Je suis artisan maçon. Je connais bien les maisons individuelles, leurs élévations – qu'on voit –, et leurs dessous qu'on ne voit pas mais qui collectent les eaux usées, les effluents de W-C, de salles de bains, et soutiennent les murs maîtres. En fait d'élévation, J. L. S., je crois qu'on en manque cruellement l'un comme l'autre. J'ai une petite entreprise. J'ai quatre frères et une sœur. Notre histoire de fosse a commencé il y a environ dix ans, mais tu ne t'en souviens pas. Obligé, Vrai.

Mon frère Bernard, 120 kilos, cuisinier, pêcheur de carpes et chasseur de sangliers, m'appelle un soir de janvier pour une question de boulot. Il va droit au but. Son voisin, dans le hameau de Pupetières où il habite, juste au-dessus du château de Lamartine, a un sérieux problème de fosse septique. Il est emmerdé, si j'ose dire. En fait, tout le monde, à cette période, a des problèmes d'écoulement. La France grelotte. Ça gèle dur depuis trois semaines, jour et nuit, vingt-quatre heures sur vingt-quatre, au sud comme au nord. La fosse du type, installée très imprudemment au fond d'une cave, a commencé par givrer sur la périphérie. Un gros glaçon flottant s'est formé sur les matières, si tu vois ce que je veux dire, Vrai… Une sorte d'iceberg, nettement plus allongé en bas qu'en haut. Nettement plus dangereux par-dessous que par-dessus. Bref, un bouchon. Le bouchon a grossi. Maintenant, la fosse se trouve entièrement prise par le gel. Tout le système est obstrué. Il n'y a plus de vidange possible. Impossible de se vider soi-même. Tu as une femme et des enfants. C'est ennuyeux de les forcer à aller chier dans la neige. Je ne te connais pas, J. L. S., mais j'écoute mon frère et je compatis. Il reste trois questions essentielles à poser: Le collecteur est-il gelé ?… Gelé. Les descentes ? Également. L'épandage ? Probablement aussi… Bernard ajoute qu'ils ont allumé un grand feu dans la cave pour faire fondre la merde, qu'ils ont même tenté de la réchauffer avec leurs chalumeaux de bricoleur. Plus tard, ils ont voulu l'attaquer au burin. Il vaudrait mieux un compresseur de chantier et un bon marteau-piqueur.

Peut-être bien que je pourrais… Je l'interromps : Béton, la fosse ? Il me répond laconiquement : béton. Fendue ? Fendue de haut en bas. Ça ne suinte même pas… Ça gèle à mesure autour de la fente. On soupire tous les deux. On raccroche tous les deux.

J'ai installé des dizaines de fosses dans ma vie. J'en sais long sur le sujet, mais là, avouons-le, je reste de glace. Je voudrais bien aider, mais je ne vois pas comment. Je me renseigne auprès de copains plombiers et promets de rappeler le lendemain. Évidemment, le lendemain, je déçois. C'est la quadrature du cercle, cette histoire. Il gèle à pierre fendre depuis trois semaines, la fosse est fendue, la merde congelée d'un bloc. Je ne vois pas d'autre alternative que d'attendre le redoux et, après ça, d'éponger à la main. Silence au bout du fil. J'imagine d'ici la gueule de mon frère Bernard, tous ces seaux de merde… Je suis sûr qu'il va s'en payer. Je raccroche, vais au chiotte. Je ne te connais pas encore, Vrai, mais, après avoir pissé tranquillement dans ma cuvette, j'ai honte de voir la chasse se vider sans problème devant mon slip chiffonné et mes parties (chiffonnées idem). Je fais venir l'eau une autre fois, elle s'engouffre dans la béance Jacob Delafon avec un tourbillon parfait. Je te souhaite bonne chance. Je souris dans ma barbe. Il fait froid dehors. Deux tonnes de merde à la main, c'est rude.

Les années passent. Trois, quatre, je ne sais plus, et toi, Vrai, tu t'empares de l'histoire. T'as le droit.

Pendant ce temps, je construis des maisons. Durant mes temps libres, j'écris des livres. Toi aussi, pour les livres. Évidemment, j'ignore ce détail. Un jour, Georges Monti, qui édite mes poèmes et mes nouvelles, m'offre un roman – *Chant de carpe* –, qu'il vient juste de publier, d'un auteur formidable, J. L. S., toi-même, injustement méconnu (comme nous tous). Je suis vaguement inquiet devant la concurrence et, en même temps, tout excité à l'idée de te découvrir. J'ouvre le livre dans le train me ramenant de Cognac, via Paris. Très beau livre comme toujours aux éditions Le Temps qu'il fait. Je m'y plonge et là, illico, c'est le malaise... Tu me voles quelque chose. J'ai un sentiment bizarre. Il me semble que je connais déjà tout : l'histoire de la carpe à Pupetières (100 ans, 100 kilos, 250 hameçons au fond des entrailles), la jolie présence du château de Viollet-le-Duc, de ses tuiles vernissées et de ses trois chiens molosses ; le peintre hollandais qui n'a jamais vendu une seule toile de son vivant, dont tu ne dis pas le nom, mais moi si : Jongkind (Johan Barthold) ; le vallon du poète dont tu ne dis pas le nom mais moi si : Lamartine (Alphonse de) ; la maison du jardinier, etc., etc. Les lieux, surtout, les paysages.

J'ai le bon réflexe. Je me mets en cause, commence par m'accuser de tout ramener à ma petite personne, les livres surtout. À y regarder de près, c'est inquiétant. J'ai déjà attrapé pas mal de maladies professionnelles côté bâtiment, lombalgies, sciatiques, gale du maçon, et voilà que j'en attrape une côté auteur, comme le mal du plumitif, une forme très subtile, très aiguë et très pernicieuse de la paranoïa d'écrivain. Te lisant, Vrai, il faut que je me reconnaisse, que je plante mon enfance à ta porte. Derrière tes mots très anodins, moi, comme une tarte, j'imagine mon pays, mes châteaux, ma vie banale et bancale. Il y a tant de campagnes alentour, de mares, de vieilles carpes, de cuisiniers et de molosses. Tout faux… Rien à reconnaître ici. Pas vrai, Vrai ?… Mes indices n'en sont pas. Je ferais mieux de me laisser aller à la lecture, d'accepter ton livre tel quel, sans rien y voir en filigrane.

J'y retourne, à ton livre, entre Poitiers et Châtellerault, après un petit somme. Très vite, cependant, je comprends que j'ai pas tout faux mais tout juste. Tout deviné. Et toi, l'inverse. On pourrait quasiment dire que tu as tout fosse. Non ?… Et merde au cul, par-dessus le marché. On y arrive, à la fosse, Vrai. On y arrive.

Page 18, tu l'évoques, cette putain de fosse septique gelée.

Ce n'est pas très fréquent, une fosse septique gelée au fond de la cave d'une vieille maison de jardinier surplombant un château Viollet-le-Duc, en Isère, avec une couverture chatoyante, des molosses et des tuiles vernissées. D'un coup, j'arrête de me sentir paranoïaque. Je sens le vrai, Vrai. J'ai le mauvais frisson.

Page 19, tout vient (sauf le coup de téléphone à mon frère) : le froid exceptionnel cette année-là, le bloc de glace effrayant qui gonfle peu à peu sous ton plancher, les fentes dans le béton, les remugles, le spectacle de purgatoire : PQ bon marché saisi au vif, croûtes, dépôts blanchâtres, sans compter ton héroïsme d'auteur face à l'issue inéluctable, le curage seau par seau, la puanteur incrustée dans les vêtements, et même les lumbagos ou torticolis qui t'ont jeté au lit à force d'œuvrer sous les voûtes de cette cave d'enfer, toutes trop basses d'un chouia (les voûtes).

C'est honorablement écrit, faut avouer. Mais, moi, je n'ai plus le moindre doute. C'est bien mon château, mon pays brumeux et, surtout, c'est bien mon frère. Je connais toute ton histoire d'avance. Je la devine et me délecte. Seulement, à un moment, ça ne va plus. Doucement, insensiblement, ça coince… Au bout d'un temps, mon frère Bernard, c'est plus lui. Tu prends plein de libertés, Vrai. Trop de libertés. Tu le brouilles, le sabotes. Tu en fais un gros provincial rigolard et profiteur, de mon frère, un spécialiste des aides publiques et des allocations, le franchouillard type, bidouilleur du système de santé et contempteur du reste. Petit à petit, j'ai envie de vomir. Je pense à ce livre : *Une année en Provence*, où un auteur de merde fait son beurre sur la gueule des connards d'artisans. J'habite en Provence, Vrai, je suis un con d'artisan. J'aime pas quand ça pue. Le faux malade profiteur et roublard, dans la réalité, c'est un vrai malade à demi baisé par le système. Déjà, à l'époque, elle n'était pas très glorieuse, la santé de mon frère. Maintenant, tu t'en doutes, avec les années, c'est pire. Tu l'utilises pour ton livre, la santé de mon frère. Tu te torches un peu avec. Tu l'appelles le cuisinier. En fait, il était infirmier et il a repris ce métier. Pas grave.

Je m'enlise. Donc, mon frère Bernard, une fois réglé le problème de la fosse, tu en fais une merde supplémentaire. La merde d'après. Jamais de mauvaise recette chez les auteurs... Je te cite :

« Mais les fous ne réfléchissent pas et ne se blessent pas, tandis que le cuisinier s'était fait mal à l'ongle du pouce droit (il portait à droite) et ensuite les meilleurs médecins de France et de Navarre n'avaient pu le guérir, un enfant pouvait le constater, il suffisait de bien mesurer le membre, longueur, épaisseur, chaleur, et couleur. Il diminuait à vue d'œil, le pouce, j'entends, pas le cuisinier, au contraire, qui augmentait, grâce à un énigmatique principe de vases communicants. Seuls les médecins ne reconnaissaient pas, quelquefois, la gravité du cas. Par mauvaise foi, liée à leur métier. Par esprit de revanche cet homme, alors, avait développé un véritable génie à rester malade, à l'être de plus en plus, et, l'époque oblige, par conséquent à connaître ses droits, ses allocations et ses primes dont la conquête et la défense lui coûtaient les heures de ses nuits, bien plus qu'un travail à plein temps, et passant d'Icare à Thésée face au Minotaure dans son Dédale, il mesurait à longueur de journée ses forces restantes à celles, sournoises, des soldats de la Sécurité sociale. Il déployait là une énergie admirable, et une invention inépuisable dont il me faisait régulièrement le rapport, mais dont la finesse, hélas, m'échappait comme les mathématiques modernes. On comprend mieux cependant son appétit ogresque. »

Je lis ça et, de retour à Grignan, sans réfléchir, prends mon téléphone pour annoncer à Bernard ce qu'il ne sait sûrement pas, que la fameuse fosse septique de Lamartine (Alphonse de) est couchée dans un livre, avec le château et ses tuiles écailles, les molosses, la carpe et surtout lui, à jamais, comme héros principal. C'est sa femme qui me répond. Voix angoissée. J'espère que tu n'as rien dit à la famille... Pas encore ! C'était surtout à Bernard et à toi que je voulais parler. Marrant, ce truc, non ?... Pas marrant du tout. Tu me promets, Yves, que tu n'as rien raconté, c'est sûr ?... Rien. Parce que, tu vois, Bernard en fait une maladie, de cette histoire. Maintenant, avec le temps, ça se tasse un peu, mais il n'avait pas besoin de ça, vu sa santé, tu comprends ? Je comprends. Tu ne comprends pas. Ça l'a meurtri d'être désigné comme ça, profiteur, bidouilleur. Pire qu'une caricature, une gifle, un truc en pleine poire, un abcès à percer.

Alors je raccroche et je relis.

J'ai peur. Je relis et j'ai l'impression que mes livres aussi ont pris cette tournure. Je cherche la leçon. C'est vrai, Vrai, que mon frère est malade, que tu as fait un peu de littérature avec le folklore de mon frère malade, et qu'il donnait le change comme il pouvait, Bernard, en faisant le jobastre sur sa santé. Pas de la morale, ça... Seulement de la gêne, un putain de malaise juste après l'histoire de la merde congelée. C'est surtout le ton que tu emploies, cette sorte de condescendance qui dérange (celle-là même qui, peut-être, a plu à l'éditeur). Alors je lui écris, à Georges Monti, l'éditeur. Inutile de tout recopier, seulement la fin :

« ... *Enfin, quand le cuisinier a paru, personnage central et haut en couleur, j'ai dû convenir, les détails s'accumulant (l'outrance aussi), que, en effet, sans aucun doute, je ne rêvais pas. Donc, je savais tout, le début, la fin, la carpe, le voleur, le châtelain et ses chiens teigneux, tout puisque le cuisinier obèse, personnage central du récit et grand récipiendaire d'argent public, n'était autre que mon petit frère adoré (120 kilos)... J'ai un peu pesté (car l'auteur médit), mais j'ai bien ri.*

La progression, chez moi, de l'incrédulité était tout à fait singulière. J'ai pris le téléphone pour appeler mon frère, suis tombé sur sa femme qui m'a confié que le pauvre ne s'en remettait guère. Ainsi vont les dégâts occasionnés par les écrivains...

Mais tant de coïncidences valaient probablement que je prenne la plume, non ? »

C'est daté du 1er décembre 1996.

Modéré, n'est-ce pas ?... C'est là que le bât blesse comme on dit... Cette modération me déçoit franchement et, soudain, je décide de rompre. *Rupture de fosse.* Je sais que l'éditeur, stupéfait de la coïncidence, t'a fait passer mon courrier. Maintenant, je la trouve faux cul, ma lettre... Je le ménage un peu, Georges, des fois que ça ne lui plairait pas qu'on critique ses auteurs… Ça en dit long, tout ça, si on réfléchit bien. Sur toi comme sur moi. Sur le vrai comme sur le faux.

Récapitulation :

Une fosse septique gèle au-dessus du château de Lamartine. T'habites là. Ta merde et celle de ta petite famille ne s'écoulent plus correctement. Impossible d'intervenir techniquement. Un jour ou l'autre, faudra virer toutes les matières au seau. T'es écrivain, tu récures. Mais après, of course, de tout ça, tu profites.

Ton voisin infirmier ne cuisine plus. Il est malade et, lui, on ne peut pas non plus le réparer. Un jour ou l'autre, faudra bien virer tous les malades du système. Le système aussi, probablement, s'il se grippe et qu'il gèle trop profond. En France, le système, c'est un peu comme les curés, les blondes ou les campagnes de Creuse ou de Corrèze, ça appelle la caricature. Mais t'es écrivain, Vrai. Of course, de tout ça, tu profites.

Moi, je suis le frère du cuisinier malade. Ça me pose question, tout ce bordel inexact mais pas méchant, au fond. Seulement efficace. Délétère. Manque de pot, je travaille dans le bâtiment et on m'a consulté avant. J'ai tout su en temps réel… De plus, je suis écrivain… Alors on fait quoi ? On ne raconte pas ? Je me rebiffe et, of course, j'en profite… Cette lettre, présentement, ça pourrait être toi qui l'as écrite, si on réfléchit bien… Peut-être que c'est toi, Vrai, qui l'as écrite… On travaille une drôle de matière, nous autres, les romanciers… On est du genre pillard, charognard.

Allez, dernière confidence : Chaque fois que je tire une chasse d'eau en hiver, que je vide mon appareil testiculo-urinaire pendant qu'il gèle fort à l'extérieur, je me pose de vraies questions... Quand j'écris (j'écris surtout en hiver), je peux jouer au vrai, mais aussi jouer au con. T'as donc planté mon frère, J. L. S. C'était bien mon vrai frère, un vrai malade. T'as même eu une vraie fosse septique gelée au-dessus du château de Lamartine (Alphonse de). Rupture de fosse, donc, indéniablement, mais aussi fausse lettre de rupture puisque je ne t'envoie rien... Je n'ose pas. J'ai installé des dizaines de fosses dans ma vie mais, cette lettre, c'est une commande. On va la publier chez Pocket. Pas mieux. Pas fier. C'est notre fonds commun, le vrai.

Merde au cul.

Yves Bichet

René Frégni

Maudit soit le jour

Derniers ouvrages parus :

L'Été, Denoël ; *On ne s'endort jamais seul*, Denoël - Folio ; *Elle danse dans le noir*, Denoël - Folio ; *Tendresse des loups*, Denoël - Folio.

Sylvia,

Maudit soit le jour où je t'ai aperçue. Je regardais briller les îles, il devait être sept heures du soir. Tu écrivais assise au creux d'un rocher, un cahier d'écolier posé sur tes genoux. Tu portais une petite robe de coton noir qui laissait nus toutes tes cuisses et la moitié de ton dos. Si j'avais soupçonné une seule seconde de quelle surprenante beauté était ce visage penché sur le cahier, jamais je n'aurais eu le courage d'effectuer les quelques bonds qui me séparaient de toi.

« Ce sont vos mémoires ? t'ai-je demandé.

— Continuez à regarder la mer, m'as-tu répondu, et laissez-moi essayer de comprendre ma vie. »

Le ton était plus coupant que les récifs où explosaient les vagues. Tu avais un œil extraordinairement vif, malicieux, l'autre trahissait une tristesse infinie. Lorsque le soleil a basculé de l'autre côté des îles, je ne savais toujours pas lequel j'allais préférer. Depuis combien d'années luttaient-ils l'un contre l'autre ? Tu semblais épuisée. Épuisée comme quelqu'un qui n'a jamais pu être chez lui quelque part.

À partir de cet instant j'ai commencé à t'attendre, à t'attendre à chaque minute du jour et de la nuit. À attendre une femme qui venait de percuter ma vie comme un météore de lumière. Je ne connaissais même pas ton prénom.

Un jour tu es venue et nous avons commencé à boire du porto sur ma petite terrasse qui domine la ville et au-delà la mer. Avec quelques jours d'avance tu étais l'été. Pour la première fois depuis longtemps je ne ressentais aucune fatigue. Juin commençait par un miracle.

Durant tout le mois de juin tu es revenue. Tous les deux ou trois jours tu surgissais et je te regardais boire et parler. Tu étais arrivée en moto dans notre ville, derrière un homme tourmenté. Et moi je brûlais de fièvre et de jalousie en regardant tes mains, tes yeux, tes cuisses d'or sous le sang des géraniums. Tu me parlais de cet homme, de ce loup. Chaque jour je buvais un peu plus de porto et je mettais les Gipsy Kings. Leurs guitares et leurs voix ressemblaient à ton visage.

Un jour nous sommes allés nous baigner sur les roches blanches où je t'avais aperçue.

J'ai nagé vers le large pour me calmer et te prouver que j'avais de beaux muscles. Quand je suis revenu tu étais étendue sur le ventre, entièrement nue. J'ai fermé les yeux. Il n'y avait plus que le rire des mouettes, le froissement des vagues et la caresse du soleil sur ma peau mouillée. Mon cœur soulevait le ciel, la ville lointaine et les îles. Pour mettre un de tes seins dans ma bouche je me serais damné. Tu me parlais d'amitié.

Un matin, alors que je buvais un café à la terrasse du bistrot sous mes fenêtres, tu es passée devant moi et sans un mot, sans un sourire, tu as jeté une enveloppe sur le petit guéridon de marbre et tu as disparu. J'ai ouvert l'enveloppe, déplié la lettre :

Paul,

La prochaine fois que je viens chez toi, laisse ton corps parler, libre. Je ne suis pas de ces femmes, renversées sur un divan qu'on ouvre en dix minutes chrono. Je n'ai pas changé, aucune envie ne m'habite. Pour cela il te faudrait m'apprivoiser comme un renard mais tu n'es pas un prince. Disons plutôt qu'il s'agit d'une curiosité étrange, même pas perverse. Une chose est sûre, je n'appartiendrai jamais à personne. N'attends pas plus de moi, tu n'auras rien. Ne t'attache pas, tu ne me connais pas. La face cachée te ferait hurler.

Sylvia

Les jours suivants j'ai travaillé, marché, parlé comme un somnambule. Tu vivais avec un loup. Qu'attendais-tu de moi après avoir connu la morsure du loup ?

Mille fois j'ai relu ta lettre, le jour, la nuit, en guettant la place jusqu'à ce que les platanes, les gens et la fontaine se mettent à trembler.

Un soir tu es revenue. Les martinets lâchaient leurs cris stridents et montaient rayer de noir le ciel d'été. J'ai bu coup sur coup cinq ou six portos et je t'ai dit : « Je voudrais voir tes seins. » Tes yeux brillaient de désir ou d'insolence. Je t'ai fait l'amour très vite, très mal. Nous sommes restés étendus sur le carrelage froid du salon. Le bleu de la nuit faisait luire ton corps, sauf ton minuscule triangle d'astrakan.

À trois heures du matin tu m'as dit :

« Il faut que je rentre, il m'attend. »

Je n'étais pas amoureux, j'étais malade. Passionnément malade. J'étais certain que tu ne reviendrais pas.

Quand le jour est entré dans ma chambre le téléphone a sonné. Je n'avais pas fermé l'œil. C'était toi :

« Ne sors pas, il veut te tuer. Il est comme fou. Il a jeté mon chat par la fenêtre, il a lacéré toutes mes robes. Il vient juste de quitter la maison. Il va te tuer, Paul ! »

Ce que j'ai ressenti était étrange. J'étais angoissé à l'idée qu'un homme m'attendait dehors pour me tuer et j'étais heureux que tu m'aies appelé si tôt le matin. Je valais mieux qu'un caprice.

Je me suis habillé et je suis descendu boire un café. Personne ne m'a tué.

Les jours suivants tu es revenue me voir sans prévenir, minuit, midi... Plus étourdissante chaque jour. Je t'attendais comme je n'avais jamais attendu personne. Poser ma tête contre tes petits seins en écoutant crier les hirondelles. J'ai perdu ce qui me restait de sommeil. En quelques secondes nous nous étions aimés comme en vingt ans. Toutes les femmes étaient en toi. Sur ta peau, dans tes yeux toutes les femmes étaient belles.

Un matin avant que le soleil ne se lève nous sommes partis vers les montagnes bleues. Nous avons traversé des prés, des torrents, des vallées de fleurs, des nuages de papillons mauves et dorés. Nous nous sommes jetés nus sous des cascades glacées qui nous faisaient hurler de douleur et de joie. Nous avons fait l'amour en regardant étinceler les glaciers.

Un soir tu as téléphoné à cet homme que tu avais laissé en bas dans la ville, seul. Il était ivre mort. Il avait vidé toutes les bouteilles de votre appartement. Nous sommes repartis vers la mer. Quelques heures plus tard je t'ai regardée t'éloigner dans mon rétroviseur et disparaître derrière ton portail. Toute la solitude du monde s'est abattue sur moi. J'ai compris que je venais de vivre les trois plus beaux jours de ma vie et je ne pouvais même pas crier.

À quatre heures du matin je t'ai appelée pour ne pas me jeter par la fenêtre. Il a décroché. J'ai entendu un cri sauvage. Le loup voulait m'égorger. J'ai ressenti le même désir déchirer mes entrailles. Tous les hommes que tu regardais, Sylvia, devenaient des loups. L'énorme mâchoire du silence s'est refermée sur moi.

Je suis resté assis à côté du téléphone pendant plusieurs jours. La mer au loin était noire, puis pourpre, puis bleu et or. Même la mer ne pouvait plus apaiser ma souffrance tant elle était devenue sans limites et profonde. J'étais ensorcelé. Possédé. J'ai commencé à boire beaucoup de pastis, seul devant le téléphone.

Un jour à midi on a frappé à ma porte. J'ai ouvert. Tu étais là. Ton front était bleu. Tu m'as dit :

« Il m'a donné un coup de tête. Il m'a assommée. »

Je n'ai pas attendu que tu prononces un mot de plus. Je suis parti en courant à travers la ville. J'étais ivre, j'étais fou.

Je suis arrivé trempé dans votre maison rouge. Il n'a pas eu le temps de me reconnaître. Je l'ai percuté avec toute ma folie et son corps a rebondi dans l'escalier. J'ai entendu sa tête craquer comme une pastèque.

Durant tout l'après-midi j'ai erré dans les rues, mon sang faisait plus de bruit que la ville. Le soir je suis entré dans une boîte de nuit et je suis resté plusieurs heures le ventre collé au comptoir à boire des vodkas, les yeux rivés sur les seins nus de la barmaid qui me servait. C'est ton corps, Sylvia, que je voyais.

Quand le jour s'est levé je suis retourné dans la maison rouge. Le loup n'avait pas bougé, il était mort. Sa chemise était noire de sang. Je l'ai tiré par les pieds à travers le jardin et je l'ai jeté dans un puits. Le bruit m'a semblé énorme. J'étais glacé de sueur de la tête aux pieds. En quelques secondes j'étais devenu un monstre.

Je suis passé chez moi, la porte était grande ouverte, tu n'étais pas là. J'ai jeté quelques affaires dans un sac. Le soir je suis monté dans un bateau et je suis arrivé dans une ville de l'autre côté de la mer, une ville d'ivoire.

J'ai loué une petite chambre dans le premier hôtel du port. De ma fenêtre je vois des grues, des containers, des docks, la mer derrière la jetée. C'est assis devant cette fenêtre que je t'écris.

Dans tous les ports du monde il est l'heure de commander un café, l'heure de regarder les bateaux disparaître dans l'or et la brume, l'heure de la confiance. Pour moi il est l'heure de fuir. Je n'ai pas la force de t'attendre des années dans une ville de béton et de grilles. Je vais changer de ports, d'horizons, de chambres, monter dans d'autres bateaux, dans d'autres trains.

Voilà, Sylvia, je ne sais pas ce qui m'est arrivé. Tu m'as rendu malade de bonheur et de souffrance. Tu as fait de moi un être maudit. Un homme brûlé. Je vais fuir pour éloigner ta beauté diabolique. Fuir jusqu'au jour où je n'aurai plus peur en fermant les paupières de me retrouver seul face à ta lumière et à ta cruauté. L'œil noir du puits où j'ai jeté cet homme, cet innocent, me poursuivra partout jusqu'au dernier port.

Paul

Lydie Salvayre

Rupture Consommée Avant Attouchement

Derniers ouvrages parus :

Et que les vers mangent le bœuf mort, Verticales ; *Les Belles Âmes*, Le Seuil ; *La Conférence de Cintegabelle*, Le Seuil - Verticales ; *La Compagnie des Spectres*, Le Seuil.

Gérard Genette, a dit la jeune fille cultivée, Gérard Genette en réponse à une réserve formulée par Slotmith Rimon concernant la question des niveaux de récit et celle du statut du narrateur en tant qu'extradiégétique ou intradiégétique, postule éristiquement l'existence, dans votre *Autoportrait avec masque*, d'un récit cadre qui

qui me casse les pieds, a tranché le grand écrivain.

Du reste, a dit la jeune fille cultivée, Genette dans sa brillante exégèse s'inscrit dans la perspective de Dorrit Cohn

elle porte bien son nom ! s'est esclaffé le grand écrivain

en ce qu'elle estime, a poursuivi imperturbable la jeune fille cultivée, que le défaut de cadre narratif dans chacun de vos monologues situe votre œuvre dans un statut hybride à la frontière du récit et du théâtre illustrant de façon très significative votre refus de vous laisser enfermer dans une catégorie définie sans pour autant évacuer

Évacuons, évacuons, a protesté le grand écrivain, je préfère que nous évacuions.

Si je puis me permettre, maître, a souligné la jeune fille cultivée avec le plus grand sérieux, un énoncé tel que celui que vous venez de prononcer et dont on retrouve mille exemples tout au long de votre œuvre, relève, selon Dan Sperber et Deirdre Wilson, d'une volonté d'introduire au sein de vos écrits une dimension ironique dans le sens où l'ironie reste définie dans la tradition rhétorique comme étant du registre de l'antiphrase que la figure de la syllepse ne fait que

et si nous causions français ? a demandé le grand écrivain, qu'un certain agacement gagnait.

Je reconnais là, cher maître, a dit la jeune fille cultivée, dans l'usage qu'à l'instant même vous fîtes du verbe causer dans son sens le plus populaire, je reconnais le phénomène polyphonique mis en évidence par Jean Tangueneau dans sa magistrale *Introduction à la Poétique du roman* où vos

J'ai un rencard dans dix minutes, a annoncé le grand écrivain qui commençait à perdre son calme.

La jeune fille cultivée a marqué un petit temps d'arrêt, puis, reprenant son souffle : quant à votre art de l'antanaclase, a avancé prudemment la jeune fille cultivée

l'antanaquoi ? a hurlé le grand écrivain

clase, a dit la jeune fille cultivée, et celui tout aussi pertinent de l'anaphore

mais qu'est-ce qu'elle baragouine ? a soupiré le grand écrivain

tout autant que les discours sur la sexualité de vos différents narrataires, a balbutié la jeune fille cultivée un peu perturbée par les réactions du grand homme, discours scrupuleusement analysés par

Gérald Prince dans l'étude épistémique qu'il consacre à votre sexua

enfin un sujet qui me branche ! s'est exclamé le grand écrivain

votre sexualité qualifiée par lui de centrifuge

centrifuge ou centripète ? a ricané le grand écrivain

et dont le champ lexical renvoie le plus souvent au registre électrique par l'utilisation de vocables tels que brancher, sauter, disjoncter, a bégayé la jeune fille cultivée

tu l'as dit chérie, a commenté, goguenard, le grand écrivain

et qui révèle chez vous un sentiment oblique de culpabilité, a murmuré la jeune fille cultivée au bord des larmes

secondaire à des pratiques onanistes autant qu'intensives, a récité sarcastiquement le grand écrivain

dans cette nécessité paradoxale où vous êtes, a sangloté la jeune fille cultivée

que c'est joli cette émotion, a murmuré le grand écrivain

de disposer à votre gré d'un objet de haine sadique-anale, a hoqueté la jeune fille cultivée, promu en même temps objet d'amour

mour-mour, a repris le grand écrivain dans l'intention de détendre l'atmosphère

objet dans lequel vos pulsions les plus mortifères, a poursuivi la jeune fille cultivée, trouvent un dérivatif que l'écriture mystagogique de vos soliloques dans lesquels l'autre et sa parole sont radicalement niés, que l'écriture mystagogique de vos soliloques tente de dépasser sans jamais réellement y parvenir.

J'ai la dalle, a déclaré soudain le grand écrivain en se tapant sur l'estomac.

Quant aux récriminations corporelles dont votre œuvre est parsemée, a dit la jeune fille cultivée qui redevenait maître de ses nerfs

un canon et un bon casse-croûte ! s'est exclamé le grand écrivain en fermant les yeux

elles expriment chez vos personnages, je n'ose dire chez vous, maître, quoique j'en sois fortement tentée, elles expriment par des voies détournées les émotions contradictoires dont ils sont la proie, les pensées inavouables, voire inconscientes, s'extériorisant au travers de signes physiques, le corps devenant le dépositaire éloquent, pour ne pas dire intempestif, des affects indicibles que les conversations eupeptiques

Un sandwich au pâté avec des cornichons, a commandé le grand écrivain au garçon de café qui s'impatientait. Vite fait bien fait. J'suis à la bourre.

Marie Darrieussecq

Chère collègue et amie...

Derniers ouvrages parus :

Le Bébé, P.O.L. ; *Bref Séjour parmi les vivants*, P.O.L. ; *Le Mal de mer*, P.O.L. ; *Naissance des fantômes*, P.O.L.

Chère Madame, chère collègue et amie,

Il faut rompre, m'écrivez-vous. Nous avons trop confondu travail et sentiments, soulignez-vous. Vous allez me dénoncer à ma femme, menacez-vous. Je vous fais peur, croyez-vous bon de préciser.

Je me permets de vous rappeler ici quelques éléments à la lumière desquels, peut-être, vous réévaluerez nos quinze ans de fructueuse collaboration au sein de la Société de Certification des Métaux, et reviendrez sur ce qui ne saurait être, de votre part, qu'un bref mouvement d'humeur.

En matière de rupture, les sollicitations mécaniques simples étudiées en résistance des matériaux sont: la traction, la compression, le flambage, le cisaillement, la torsion, et la flexion; à cette liste on peut ajouter la fatigue – qu'elle soit due à l'alternance d'efforts de sens opposés, ou aux vibrations, aux contraintes thermiques engendrant dilatations et retraits, etc. Mais prenons le cas le plus simple: la rupture causée par une traction. Elle est le fait d'un effort trop important qui détruit la cohésion de la matière à l'endroit de la cassure. Ravaillac, par exemple, fut soumis à un effort de traction plus important que sa résistance propre. Les gravures le représentent chaque membre attaché à un cheval, donc soumis à deux efforts de traction bien distincts et symétriques, l'un intéressant bras gauche et jambe droite, l'autre bras droit et jambe gauche, et se croisant environ à mi-distance du sternum et du nombril: il faut imaginer un X. Je précise, s'il est besoin, que quatre chevaux ainsi liés à un corps engendrent deux forces de traction et non quatre. Si Ravaillac, en effet, avait eu les pieds scellés à la base d'un mur et chaque bras attaché à un cheval, l'effort aurait été le même: c'est le principe de l'action-réaction – j'appuie mon doigt sur le bureau, le bureau appuie sur mon doigt. Pour avoir quatre forces de traction, il aurait fallu l'immobiliser, de préférence en son centre, par un collier de fer fixé au sol. Dans ce cas exclusivement l'écartèlement aurait été quasi instantané, chaque traction rompant un membre. Tel que l'opération fut menée, l'écartèlement instantané par arrachement simultané des quatre membres était impossible. J'y vois trois causes:

1) Impossibilité de coordonner les efforts des chevaux, principe bien connu en mécanique. Il est impossible d'appliquer plusieurs efforts au même instant: il reste toujours un décalage, même minime.

2) Poids et force inégaux des chevaux.

3) Solidité inégale des attaches des membres sur le tronc.

Une des branches du X s'est donc obligatoirement trouvée en tension avant l'autre. En conséquence le corps, sous l'action de deux forces inégales et opposées, a été soumis à un équilibre relatif avant rupture de l'élément faible – selon toute vraisemblance un membre supérieur. Trois forces se sont donc alors appliquées. L'équilibre était possible à réaliser, mais il faut supposer que le deuxième membre supérieur a cédé à son tour. Par conséquent le corps ne s'est plus retrouvé soumis qu'à deux forces ayant sensiblement le même sens. Perte d'équilibre, donc déplacement, avec nécessité de replacer les deux chevaux des membres inférieurs dans la même direction mais en sens opposé pour achever le travail.

Cet exemple fait image, mais du point de vue mécanique pur Ravaillac présente l'inconvénient de ne pas être un matériau homogène. La résistance des matériaux ne prend en compte que les matériaux cohérents, tels les métaux, les bois nobles, les bétons, etc. Il faut en outre qu'ils soient exempts de défauts – par exemple les pailles (cavité de très faible épaisseur à l'intérieur de la matière première), les inclusions (corps exogène pris dans la matière), les retassures (défaut provoqué par une reprise de coulée lors de l'élaboration de la matière)... Dans le cas d'une rupture, le premier examen à effectuer porte sur ces défauts de cohérence. Réaumur le premier examina la cassure du fer au niveau de sa structure cristalline. Ses observations furent, vous le savez, à la base de l'industrie métallurgique. En ce qui me concerne, les cas de rupture que j'ai eu à étudier provenaient le plus souvent d'une mauvaise utilisation du matériel, à laquelle s'ajoute – puisqu'il y a ici convocation du facteur humain – un élément à ne pas sous-estimer : la mauvaise foi.

Nous nous éloignons là des purs principes mécaniques, mais si l'on prend le cas des aciers, la Rr (résistance à la rupture) est en effet garantie par le fabricant. Elle s'exprime en pascals, ou plus simplement en kilos par millimètre carré, et correspond à la résistance d'un fil de 1 mm^2. Entre aussi en jeu l'élasticité de l'acier, qui bien que minime ne saurait être négligée (elle est de l'ordre de 0,02 %). Tant que la charge élastique n'est pas dépassée, l'acier s'allonge et revient à la longueur initiale après suppression de la charge. Mais si l'on dépasse la limite il n'est plus élastique et devient fragile. Et si l'on dépasse le seuil de l'élastique, il y a rupture.

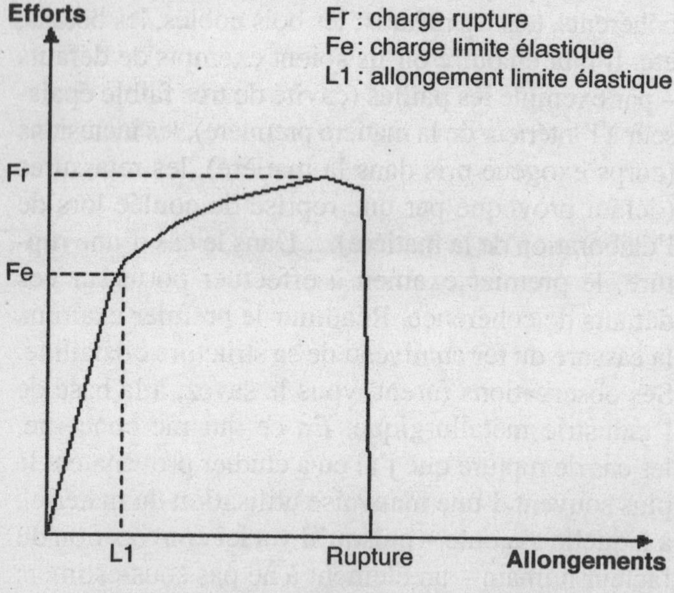

Diagramme des efforts et allongements

La résistance limite élastique (Re) est égale à Rr/1,5. La loi prévoit de faire travailler l'acier entre 1/4 et 1/6 de la Rr (sauf applications spéciales), donc largement au-dessous de la Re. Les protocoles de vérification se font selon des normes que nous connaissons bien, à l'aide d'une éprouvette de forme imposée. Il s'agit d'un cylindre d'un diamètre de 10 mm sur une longueur d'un mètre, muni de deux talons pour fixation sur la machine d'essai. Un talon est pris dans une mâchoire fixe, l'autre dans une mâchoire coulissante qui applique un effort progressif et mesuré. L'allongement dû à la charge est enregistré par un système amplificateur. La courbe de résultat présente une première partie droite où l'allongement est proportionnel à l'effort, puis une courbe où l'allongement croît plus vite que l'effort, jusqu'à la cassure. À partir de la fin de la droite, la matière commence à fluer et il se produit une striction sur l'éprouvette. L'allongement se situe sur la partie dans laquelle interviendra la cassure. On peut alors calculer la longueur à la rupture. Les essais sont effectués par des organismes agréés, tels que notre laboratoire. L'idéal est de tailler l'éprouvette dans une chute du matériau même dont on a tiré la pièce.

À la lumière des quelques éléments brièvement rappelés ici, je vous prierais, Madame, de réfléchir à deux fois à votre propre Rr.

Votre tout dévoué

Professeur X

Arnaud Cathrine

Des fantômes
(et toi)

Derniers ouvrages parus :

Les Vies de Luka, Verticales ; *La Route de Midland*, Verticales ; *L'Invention du père*, Verticales ; *Les Yeux secs*, Verticales.

La plupart des tables étaient occupées. Je me suis accoudé au comptoir à côté d'un type d'une quarantaine d'années. Costume gris. Cravaté. *Puis-je, monsieur, vous proposer mes services, sans risquer d'être importun ?* Il me fixait, la tête légèrement penchée. Je ne sais plus si j'ai réussi à composer un sourire de contenance, merci, je n'ai besoin de rien, rien d'autre qu'un café allongé mais le patron ne m'entend pas… Qu'à cela ne tienne : c'est bien de cela qu'il voulait parler. Il m'avait vu appeler, en vain. Alors il l'a fait pour moi. Ils avaient l'air de se connaître, le patron et lui. On m'a servi sans tarder. Et moi : piteux de m'en trouver redevable pour si peu. *Mais permettez-moi de me présenter : Jean-Baptiste Clamence, pour vous servir.* Contraint de parler ? C'était rodé tout ça, parfaitement huilé, mais non, vraiment, une autre fois peut-être, pas le cœur à faire connaissance. J'aurais voulu lui dire que je t'attendais : elle va arriver d'une minute à l'autre ; nous avons rendez-vous ; je vous en prie, c'est important pour moi ; une femme mariée, voyez-vous ; je la vois si peu ; alors laissez-moi l'attendre seul ; lorsqu'elle arrive, tout passe si vite ; je veux profiter de ce moment ; où je l'attends…

J'ai finalement congédié le type d'un sourire embarrassé. Au diable les scrupules. Et j'ai repensé à ce que dit souvent Éric : qu'il faut cesser de vouloir être toujours irréprochable. Aimable en toutes circonstances, inconnus ou non, ceux qui veulent nous entraîner (et par-dessus tout : ceux qui ne nous aiment plus).

Je me suis retourné vers l'entrée mais ce n'est pas toi qui es arrivée. Une autre, le visage pâle, la voix grave, très profonde. Clamence l'a suivie des yeux, lui aussi. Elle avait un long manteau beige. Elle a commandé un whisky. Elle était accompagnée. *Vous savez, Anna, ce n'est pas vrai qu'un jour la vie sera comme on voudrait, non ce n'est pas vrai.* J'écoutais malgré moi et j'aurais voulu la contredire, lui dire : bien sûr que si, forcément, la vie sera comme on voudra, mais sa beauté donnait raison au constat définitif qu'elle venait de tirer.

J'ai avisé la salle une fois encore. Peut-être serais-tu arrivée sans me voir, ai-je pensé, installée déjà. Mais j'ai vu une autre femme, toujours une autre femme. Elle buvait un Pernod. Seule. Le patron a soufflé derrière moi : *Qu'est-ce qu'elle fout ici la vieille ?* Comme une table venait de se libérer pas loin, je m'y suis installé avec mon café. Elle semblait l'avoir entendu, l'autre tordu de patron. Elle s'est penchée vers moi : *J'ai vu ça dans les yeux des gens toute ma vie. Je me le demande tout le temps ce que diable je fais ici. Tout le temps.* Je n'ai rien trouvé à répondre. Ma jeunesse ne pouvait rien, vraiment rien contre cette affreuse évidence. Je lui ai souri, un vrai sourire. Pour lui dire qu'elle était belle, elle aussi.

Elle était anglaise à l'évidence. On ne la comprenait qu'à peine. Boulevard du Montparnasse, c'est là qu'elle avait vécu, il y a longtemps. Il était question d'un homme. *Comment diable peut-on dire pourquoi on aime les gens ? Ce serait comme de dire qu'on sait où va tomber la foudre.*

Et toi qui n'arrivais toujours pas. Une voix a surgi en moi. *Suis-je amoureux ? – Oui, puisque j'attends.* Et je ne me sentais pas bien. Si elle ne venait pas ? Empêchement. Imprévu.

J'ai commencé à écrire sur la nappe.

ne pas se rappeler les premiers mois
les mois du déchaînement
où tu te morfondais de ne pas me voir chaque jour
où tu te débrouillais pour venir m'embrasser presque tous les soirs
perdue depuis
ou comme si
une journée sans nouvelle suffit à faire une perte
me voilà repris par cette impossibilité obsédante:
j'ai un mari, dis-tu
l'amant, dis-je
ce rôle m'est trop étroit
impression de dépérir
cet amour me rend plus vivant
quand il ne me laisse pas à peu près mort
me suis observé dans la glace en sortant de la douche ce matin
ai trouvé injuste qu'on laisse mon corps sans bras pour le serrer

parfois j'ai peur que tu m'aies épuisé
que tu aies épuisé ce que tu cherches en moi
j'ai peur que tu t'apprêtes à passer à quelqu'un d'autre
et comme ça
jusqu'au prochain encore
j'écris ça et je n'y crois pas
il faut que je me sauve
que je tombe amoureux
je n'attends que ça
mais où?
comment sauver ma peau?
que vais-je devenir entre toi et toi?
ça fait presque un an que notre histoire a commencé
nous sommes ensemble depuis presque un an
tu te souviens quand tu disais:
toi et moi... qui aurait pensé ça?
une chose m'étonne encore
que ça dure comme ça
ça fait une histoire
cette durée me laisse fort d'une histoire
(précautions d'emploi contre-indications autres effets possibles consulter la notice)
(que j'ai jetée il y a bien longtemps)
mais c'est comme si je ne t'avais pas vue depuis des mois
comme si nous n'avions pas fait l'amour depuis des mois
deux semaines en réalité
une éternité

ainsi s'exerce la comptabilité de mon corps
attendre que ça me passe
et pour toi que ça revienne
je t'en prie
arrive
dans ce café
nos endroits de Paris volés au reste du monde
c'est ton expression
parfois j'essaie d'imaginer ta cartographie secrète
inaugurée avec d'autres garçons

Mais tu n'arrivais pas.

Un couple déjeunait à ma gauche. C'est la femme qui parlait. L'homme avait l'air triste. Abandonné. Presque comme moi, au fond (oui, je commençais à me sentir franchement abandonné). *Il y a des mauvaises rencontres, c'est tout. À moi aussi, ça m'est arrivé. À toi aussi. Comment veux-tu distinguer le faux du vrai, quand on crève de solitude ?* Je me suis dit : non, pas moi, je ne crève pas de solitude, pas comme cette femme et son Pernod, cet homme et l'histoire que je n'ai pas voulu entendre, cette jeune femme qui recommande un whisky devant les yeux inquiets d'Anna. Je t'attends et tu vas venir.

souviens-toi
un jour, je t'ai écrit :
nous sommes innocents
autrement la vie serait beaucoup plus simple
si l'on devait pendre les gens qui s'embrassent alors
qu'ils n'ont pas le droit

la vie serait très simple
mais elle ne l'est pas et personne ne nous pendra
nous sommes seuls à fabriquer la corde qui nous
encercle le cou et il faut s'éviter cette peine
besoin de l'écrire encore
et toi de le lire peut-être
je cherche les mots qui pourraient nous dire sans
nous trahir
qui pourraient nommer cette histoire
et tous ces moments sublimes que je n'ai pas notés
sais-tu au moins pourquoi je t'ai appelée ?
proposé de me rejoindre dans ce café ?
je voulais te dire :
besoin urgent de me serrer contre toi
te dire que je vais finir par t'échapper malgré toi
à force
que moi-même je ne le veux pas
je ne tiens pas à ma souffrance
mais à toi
je ne m'inventerai pas le courage de partir à ta
place
je n'écrirai pas la rupture qu'ils portent tous sur le
visage
à d'autres
moi je veux continuer
je te veux contre moi encore
alors je resterai
et toi aussi
je t'attendrai
et tu viendras

(l'amant
celui qui attend qu'on ne vienne pas
pour cette raison
celui-là a quelque chose de pitoyable
sa condition
quelque chose d'humiliant)
me voilà seul avec l'absence de souvenirs que tu aurais pu me laisser
et mon désir qui aurait trouvé un visage où se recueillir
mais
continuons
allons
j'ai l'impression que tu es là
à lire par-dessus mon épaule
et je te dis
continuons
continuons
continuons

Lorsque j'ai relevé les yeux, j'ai vu un jeune homme asiatique planté devant ma table. Au début, j'ai pensé qu'il contemplait cette nappe noire de mots. Mais il regardait plus haut. Une sorte de reproduction représentant des chutes d'eau, avec une installation lumineuse pour figurer le mouvement de l'eau. J'ai toujours adoré ce type d'installation. J'en voudrais une pour chez moi. Je sais qu'on en trouve dans certaines boutiques. J'ai demandé au garçon pourquoi il regardait cette décoration avec des yeux tristes (et qu'est-ce que vous avez tous à sembler tristes, *seuls à crever*, dans ce bistrot, comme moi, ni plus ni moins, n'est-ce pas ?). Asseyez-vous, ai-je ajouté. Et en moi-même : elle ne viendra pas, pas aujourd'hui, elle a déjà une demi-heure de retard, alors asseyez-vous. Et il s'est exécuté, hagard.

Il s'appelait Lai. Il m'a dit qu'il avait vécu à Buenos Aires avec un homme qu'il aimait. Il servait dans un bar où l'on jouait des tangos et des milongas. *On est restés longtemps ensemble et on s'est souvent séparés. Ho disait toujours : « Recommençons. » On a quitté Hong Kong pour recommencer. On a pris la route et on est allés jusqu'en Argentine.* Dans leur mansarde, il y avait une petite lampe de chevet. Sur l'abat-jour, était dessinée une chute d'eau qu'ils s'étaient promis d'aller voir ensemble. À Iguazu. Mais Ho l'avait quitté entre-temps et Lai était allé voir les chutes tout seul. Voilà ce que lui racontait cette drôle de reproduction au-dessus de moi.

Il m'a demandé si j'attendais quelqu'un. J'ai dit : on attend quelqu'un qui ne viendra pas. Mais puisque vous êtes là…

Les citations en italique sont extraites de *La Chute* d'Albert Camus, *La Conversation* de Lorette Nobécourt, *Bonjour Minuit* de Jean Rhys, *Fragments d'un discours amoureux* de Roland Barthes, *Clair de femme* de Romain Gary.

Lai et Ho sont les personnages du film de Wong Kar-Wai, *Happy together*.

Dominique Noguez

Lettre de rupture d'un frère siamois

Derniers ouvrages parus :

Comment rater complètement sa vie, Payot ; *Duras, Marguerite*, Flammarion ; *Le Grantécrivain*, Gallimard ; *Amour noir*, Gallimard.

Mon cher Roland,

Quand tu liras cette lettre, je serai loin. Sachant les liens qui nous unissent, tu penses sans doute que je fanfaronne. Eh non. Tu te souviens du dîner chez les parents où étaient invités les Sécard ? Pendant que, selon ta déplorable habitude, tu faisais du gringue à sa jeune épouse, j'écoutais le professeur de mes deux oreilles (puisque, ne t'en déplaise, les oreilles font partie de ces organes dont j'ai la paire en pleine propriété). Sécard n'est pas seulement un des meilleurs chirurgiens de sa génération, lauréat de la faculté de médecine de Paris et ancien interne des hôpitaux de Limoges, il est aussi *le* grand spécialiste actuel de la didymotomie, nom savant, comme tu sais ou plutôt ne sais pas – ignorant que tu es et te complais à être –, du décollement des frères siamois. C'est lui qui a séparé, il y a trois ans, les sœurs Fantaisie, soudées de naissance par les reins. L'opération a été un plein succès : l'une est maintenant l'épouse d'un douanier de Douai et l'autre danseuse à l'Alcazar de Saint-Flour. Il est pourtant beaucoup plus difficile, m'a-t-il expliqué, de séparer des *néphropages* comme elles (du grec *nephros*, rein) que des *hépatopages* comme nous, reliés par le foie. Donc, au moment où tu commençais à pinçoter la croupe de ta voisine, au risque de nous faire rabrouer collectivement, j'apprenais de Sécard qu'il pouvait, si nous le voulions, nous rendre à l'autonomie. Avec un bon avocat, ça pourrait même être remboursé par la Sécurité sociale. Comme nous sommes majeurs, il n'est même pas nécessaire que nous en parlions aux parents, il suffit que nous lui signions tous deux une lettre d'accord.

Ici, tu respires : tu n'as jamais signé pareille lettre. Détrompe-toi. La nuit même du dîner, tandis que tu ronflais du sommeil de l'ivrogne sur l'oreiller voisin, je glissais un stylo entre tes doigts et, sans beaucoup me forcer – nos écritures se ressemblent tant ! –, j'ajoutais un « Roland » à peine un peu tremblé au « Laurent » que je venais de tracer au bas de notre demande officielle d'amputation. (Laurent et Roland : ah ! l'humour de nos parents ! Deux prénoms « à notre image » claironnaient-ils : phonétiquement presque identiques et permettant cependant de nous distinguer. Les pauvres ! ils n'avaient pas prévu que le hasard des nominations paternelles obligerait notre famille à s'expatrier dix ans au Japon, et que, le « r » se prononçant là-bas comme le « l », nos deux noms de baptême s'y confondraient lamentablement, ajoutant une gêne supplémentaire à une situation déjà humainement très inconfortable.)

Que dis-je, inconfortable ? Insupportable ! Il y eut déjà, très tôt, ces mille petites différences qui, sous une apparence de stricte similitude, creusaient peu à peu entre nous un abîme d'incompréhension :

tu ne supportes pas les épinards, dont je raffole ; tu te goinfres au cinéma de ce pop-corn qui me fait vomir ; je suis cinéphile et tu n'aimes que les films de violence ; quand j'ai réussi à t'emmener voir *Les Quatre Cents Coups* en te faisant croire que c'était un film de boxe, tu as ronflé pendant une heure trente ; tu as choisi anglais première langue quand je choisissais russe, les castagnettes quand je me mettais au hautbois et tu as prétendu consacrer au sport les heures du samedi que je comptais passer au catéchisme. À chaque fois, les parents ou nos professeurs ont dû se livrer à de difficiles arbitrages, rarement en ma faveur, hélas. C'est ainsi que je me suis retrouvé pilier à tes côtés dans un match de rugby amateur : on a rarement vu mêlée plus soudée, certes, mais je n'ai jamais eu plus mal aux épaules ; il a fallu que je simule un évanouissement pour que tu consentes à quitter le terrain. Cela n'a d'ailleurs été pour toi qu'une occasion supplémentaire de m'être désagréable : à peine sortis du stade, tu nous as entraînés dans le premier bistrot venu, où tu as pris une de ces cuites qui font un peu plus basculer notre foie commun dans la cirrhose. Tu bois et je trinque !

Mais ce n'est rien à côté de ce que je dois endurer depuis que nous avons atteint, toi surtout, l'âge de la puberté. Cela avait bien commencé, pourtant. Lorsque, en ce chaud soir de mai où nous avons découvert le plaisir solitaire (pour employer un adjectif qui ne peut avoir chez nous qu'un sens largement figuré), nos mains se sont égarées et que chacun a été pour l'autre la caresse et la joie, lorsque, au prix, certes, d'un léger torticolis, nos lèvres et nos langues se sont jointes et que nous avons atteint de concert le grand essoufflement, je me suis dit qu'à quelque chose malheur était bon et que, grâce pour une fois à notre handicap, nous étions en passe de réaliser totalement l'idéal de tous les amants : ne faire qu'un.

Les plus belles utopies de l'amour, contre lesquelles mes lectures de La Rochefoucauld ou de Proust m'avaient prévenu, étaient donc réalisables. Nous n'étions plus de pauvres « jumeaux conjoints », selon l'euphémisme des traités de médecine, mais un nouvel être fusionnel, la réalisation parfaite de l'être rond à quatre bras et quatre jambes décrit dans *Le Banquet* de Platon. Hélas, il a fallu déchanter. Le *Kama-sutra* que nous avons déniché un soir sous une pile de *Monde diplomatique* dans le bureau de papa n'a fait que raviver notre frustration : collés sur le côté comme nous le sommes, moi à droite, toi à gauche, nous ne pouvons réaliser qu'un nombre extrêmement limité des figures érotiques offertes à la fantaisie des humains « normaux ».

C'est alors, pour mon plus grand malheur, que tu t'es tourné vers les autres. D'abord, de simples frôlements, des chatouillis, dans la rue ou en classe. Puis de franches palpations de fesses ou de seins sous l'eau, à la piscine. Enfin, les moyens modernes : l'installation d'Internet à la maison a mis le comble à tes débordements. Au début, après la découverte du site *Zig Zig Monozygotes*, ton idée de draguer des sœurs jumelles m'a amusé. Je me souviens encore du cri des sœurs Larose, nos premières prises, quand elles ont découvert dans sa nudité notre corps commun. On ne les a jamais revues. Avec les suivantes, nous nous y sommes un peu mieux pris : notre belle double chemise du dimanche, bleue à droite, rouge à gauche, a fait un moment illusion. Mais pas notre terrible paralysie, quand ces grandes pudibondes de sœurs Pimpol ont prétendu faire l'amour chacune de son côté dans deux chambres séparées. Le site échangiste *Échanjumo* allait, disais-tu, nous tirer d'affaire : ce fut le début de l'enfer, l'époque des sœurs Guisarde.

Ainsi les avons-nous baptisées, du nom de la rue où elles logent, à l'ombre des tours de Saint-Sulpice. Naines déjà grisonnantes et n'ayant plus de temps à perdre, les deux bougresses se sont montrées d'une lubricité de tamanoir : à peine arrivées dans le salon, elles nous ont fait nous lever, leur bouche était à la hauteur exacte de la partie de notre anatomie qui motivait leur visite empressée, et vogue la galère ! Sacrée galère, dont je ne me suis pas encore remis. Trois quarts d'heure montre en main ! Et bientôt plusieurs heures *par jour* ! J'ai été très vite sur les rotules, mais toi, non ; il t'en fallait toujours plus. À quelque chose malheur est bon, cependant. Leur fantasme majeur, nous honorer de concert dans l'un des confessionnaux de Saint-Sulpice, nous à la place du confesseur, elles de chaque côté, en pénitentes éplorées (ce qui nous obligeait, dois-je te le rappeler, à d'incessantes acrobaties, ne serait-ce que pour passer notre membre à travers le treillis de séparation), m'a peu à peu fait retrouver la foi. Le goût de la pureté m'est revenu, alors même que tu t'enfonçais dans la pire bestialité, allant jusqu'à convoquer, en sus de nos deux goulues, une autre paire de jumelles encore plus voraces. Le tout pimenté, de ta part, d'innombrables jurons blasphématoires destinés à mettre ma foi à rude épreuve.

Cela ne pouvait plus durer, Roland. Le désir de partager mon émotion avec quelqu'un qui en soit digne est devenu irrépressible. À l'heure où tu liras ces lignes, le bistouri du professeur Sécard, grâce à Dieu, aura mis fin à mon supplice. Nous aurons fait Philippine ! Encore un peu sonné par le puissant somnifère que je t'ai administré hier soir et les effets de l'anesthésie, tu mettras peut-être un certain temps à comprendre ; et puis la fameuse illusion des amputés te fera encore assez longtemps croire à ma présence. Mais non, trop tard, je me serai fait la malle ! Débarrassé de ce funeste corps frère, je vais pouvoir enfin chercher l'âme sœur !

Ton ex-frère siamois,
Laurent

Anouar Benmalek

Et puis, on m'a téléphoné

Derniers ouvrages parus :

L'Amour loup, Pauvert ; *L'Enfant du peuple ancien*, Pauvert ; *Les Amants désunis*, Calmann-Lévy.

__Lettre une :__ C'est de là-bas, d'Alger donc, que tu m'as envoyé ta dernière lettre. Où tu me disais que tu n'en pouvais plus. De la distance. De cette vie provisoire, de cette mort toujours collée aux basques. De la peur, des amis qui disparaissaient. Exil ou assassinat. De moi, de nous. Enfin, c'est ce que je suppose. Car, cette lettre, je ne l'ai pas ouverte. De crainte d'y trouver précisément ce que je redoutais. La peine irrémédiable. Parce que ta colère, ton chagrin, la saleté du malheur de notre pays. J'ai renvoyé ton courrier dans une enveloppe plus grande, sans un mot. Et c'est plusieurs jours après – quand on m'a téléphoné – que j'ai écrit cette réponse qui aurait dû te parvenir. Si tard. Mon amour.

Parfois l'échancrure d'une chanson que tu pressais entre tes paumes une lame placée sous mes pleurs me faisaient prendre le chemin imprévisible d'une branche J'ouvrais les yeux et je n'arrivais plus à croire en la beauté impardonnable du monde à son sillon dans ma main à ses figures de Barbarie La peur ne m'a plus quitté de ne jamais comprendre de passer à côté de ces séquoias désemparés qu'on emmenait humiliés se noyer par-delà les isthmes d'ignorer jusqu'à l'aiguille de douleur qui enivrait sans rémission la danseuse et sa lente perfection Je voyais ce cœur à travers la hache ayant vécu et finalement ne l'ayant pas

Te souviens-tu quand je t'aimais et que tu m'aimais des soifs qui nous animaient Sous l'huître du jour nous en étions pourtant convenus L'ortie du sable était brûlante et la rosée nous écrasait Tu avais le goût d'un ventre andalou qu'une minute de Guernica n'a pas encore terni La nuit dans notre coquille défaite où ta présence était nos draps tu me faisais en riant un collier des castagnettes de sommeil Tu étais la fable d'avant l'assassinat la chair du matin Je prenais la lumière je ne la volais pas et la pluie était mon amie Pourquoi ce chemin tortueux cette escalade obstinée de notre incompréhension quand toute rage est une chute La poésie était-elle pour moi à cette époque une autre vie ou comme une danse à Çiva me permettait-elle seulement de rôder autour de toi

Et quand je t'ai quittée

Dans ma tête tanguent des cahiers bleus naufragés sur des bancs solitaires j'ai pu être confiant cela se peut par impossible L'institutrice était jolie un gros pâté d'encre parait son sourire Il me revient encore des crissements peut-être le porte-plume Je nageais dans ton aisselle La mer était dense nulle île ne la valait j'avais le mal de mer et j'étais ravi Ta robe était si légère c'était ta peau c'était ta chance j'étais dans un bois qui sentait bon Tes seins en tremblaient un peu J'ai toujours désiré garder l'institutrice mais je l'ai rencontrée ce n'était pas elle elle n'était pas belle Les I et les A m'ont piqué le cœur Nous aimions l'encre tous deux et nous faisions des paris à qui en boirait le plus Malgré cela tu t'es d'emblée imposée comme la composante fondamentale de ma trilogie Tu avais la couleur de l'orange tu diffractais ma réalité tu faisais de mon avenir une gorge qui n'est plus à demain

Et quand je t'ai quittée

Je t'ai souvent fait l'amour tu étais incontournable mon silex d'après le feu Ma tempe était en sueur au contact de ton genou Un soir les algues et le sel il y a de cela très longtemps m'ont rendu heureux J'étais seul pourtant D'autres fois j'ai vu le soleil jouer au tambour avant de s'endormir et la terre s'éclabousser des désirs de son corps moite Je ne sais pourquoi aujourd'hui tout cela vient se confondre en moi avec un bateau coulé à Tyr dont on ne voyait que les deux mâts sauvages surnager Des essaims de cormorans piaillaient à qui mieux mieux Le ciel mâchait tranquillement ses poissons de paille

Et quand je t'ai quittée

Même si après j'ai pu tricher avec d'autres souffles d'autres éclats de verre quand je n'ai pu qu'y retrouver ta folle géographie particulière de ton espace propre ton odeur de navire et de coquillages J'ai bruissé d'hirondelles au poids de ta jambe sur la mienne J'exultais et je ne bougeais pas de crainte d'avoir moins mal La neige était brûlante des pas de l'attente j'avais perdu toute connaissance des cendres qu'à tes yeux j'avais recueillies De trop mal t'aimer de trop fort t'aimer j'ai fini par avoir peur de passer à côté de tout cela du versant de la colline de ta jupe effarée du milan qui planait en moi de cette dureté des choses quand je cherchais à m'y fondre de ne plus comprendre l'inutilité de la rivière

Quand je t'ai quittée
Tout était fini
Rien n'était fini
Mais je n'avais plus beaucoup de temps

<u>Lettre deux :</u> *Dans tes premières lettres, tu m'avouais qu'il t'arrivait de rêver en plein jour, dans le bus par exemple, quand tu te rendais à ton travail. Des rêves étranges dont la beauté était douloureuse. Trottoirs d'Alger lavés de lumière, accroupis face à la baie dont la forme – m'avais-tu écrit – t'évoquait un demi-cœur. Souvenirs de tes montagnes de l'Aurès également, celles de ton enfance. Où la sérénité était encore possible. Ainsi que la confiance dans l'amour à venir. Même si tu pressentais déjà – à ces hauteurs-là, il est difficile de ne pas l'apprendre tôt ou tard – que Seigneur Chagrin veillerait toujours.*

Le renard subreptice
Mêlant son sang à la piste
Au petit matin fuit de toutes ses pattes

L'herbe de la rapine
Au dernier moment s'est fendue
Devant le fou devoir de l'amour

<u>Lettre trois :</u> *Alors, il m'a fallu partir. Et te quitter donc. Parce que j'avais eu peur. De tous ces courriers anonymes qui me promettaient le couteau sur la gorge, le fusil sur le ventre. Et l'écartèlement au nom de Dieu. À mon arrivée, je t'ai écrit bien sûr. Des nuits et des nuits.*

Marée du flux et du reflux je m'étais pris à mon propre jeu au mystère du galet qu'on retourne se suppliant presque d'y découvrir un morceau des Sargasses ou tout autre attouchement de lumière Les pierres haletantes s'étiraient qui ne semblaient gêner personne J'étais sérieux et il ne faut jamais être sérieux Mais elle était bien belle cette histoire de la lune qui ne serait pas la dernière Le marchand de poissons nous l'avait dite tantôt et tu t'étais pelotonnée tout effrayée de perdre encore cette incompréhensible joie d'avant la déception Ta peau rouge des coquelicots juteux ton regard brûlait dans les arbres la dernière goutte d'eau Des cascades d'ombres frissonnaient lentement pour se figer sur l'olivier en verts glaçons Quand je me suis rappelé la question tu as vite desserré l'horizon et rafraîchi mon inquiétude Je m'ensevelissais dans la faim des récoltes de volcans dans la mine à nourrir ma neige des seins de tous tes Saharas à l'odeur si particulière que je retrouvais même dans mes mains Je n'étais pas dupe mais le malheur est tellement aigu Me revint à la mémoire – ô cet hiver aux dents de mon enfance – un miracle de patience un homme de vermine et de cœur comme toi comme moi qui attendit presque une heure la paume tendue absolument immobile qu'un oiseau vînt se poser et l'oiseau se posa Tu riais et j'étais fasciné par la frange de pureté que te façonnait au cou la campagne à cette heure-là J'ai laissé courir mon corps sur ta route facile maintes fois traversée maintes fois inconnue Les bris de ton sexe humide éraflaient mes rochers intérieurs d'une souffrance à peine possible d'une autre terre d'autres belladones d'une munificence de raisons qu'à ne pas croire mon souffle je pressentais capables de faire sortir notre amour de l'échafaud de l'ordre des vivants Au milieu d'une nature écrue j'ai pu être heureux à en offrir mes deux poignets cerclés de toi à des îles violentes auxquelles toi-même tu ressemblais tant ma folie d'être cette cause que je ne comprendrais sans doute qu'en la trahissant.

Pendant que mon sang écumait dans le tien j'ai été sûr que nous n'étions plus inutiles.

De vie j'ai alors voulu mourir C'est si peu tricher que de mourir.

Avec cette terreur de l'herbe sèche pour la source qui manque la plaine vaine nous caressait qui pourtant savait déjà notre avenir de désert sans rémission Les blés lâches ivres du vivre et du mourir nous faisaient des signes que nous ne voulions comprendre Sous l'apparence nous étions impatients des yeux et du cœur Une seule chose nous importait cependant la seule question qui ne voulût pas faire bonne bouche à la mort qui frappait sans mesure à nos veines C'était le matin et le matin tout est permis.

À la litanie navrée des cigales à l'air qui manquait manquait léger léger de savoir que ceux qu'on a aimés se sont fort bien passés de nous la coupure de la faux restait toujours aussi nette l'eau brisée d'espérance filait entre les tamis pour mieux s'y calciner le soleil se prenait les pieds dans l'émoi de la prairie Après cela malgré l'odeur de la fenêtre ouverte malgré le crève-cœur du puits artésien à ta poitrine malgré la meurtrissure des abeilles nudités d'angoisse fondant au-dessus du désir je n'ai plus jamais cru à la charité de la vie Maintenant sans but tel le four auquel on ne pardonne le crime du pain je voudrais de nouveau ramer nager – qui sait quel verbe il faudrait – au-delà de mes forces Viking se noyant pirate arabe en tes cuisses d'été alourdies par une pluie à faire vivre la nuit cette fenaison de regrets aux berges solitaires qui nous laissait épuisés tous deux retrouver avec mes mains râpeuses le frémissement des arbres noirs incendiés sous tes paupières quand je nous croyais encore préfiguration de toute musique percer mes tympans au cri du prisonnier terrorisé à ses chaînes arrachés Ô mon Dieu Ô mon Dieu non Mais combien j'ai pu haïr cet amour de toute ma rage j'ai pu le haïr pour supporter de simplement pourrir

Et je ne pourrirai pas
L'étoile est blessée
Dissimule-moi l'étoile
Dissimule-moi fort l'étoile

Je passerai ma main au travers de ton voile et elle reviendra rouge de l'amour que je te porte

Mon sang veut aller dormir dans ton sang et s'y faire un lit de tes chaudes douleurs de tous les jours

Un oiseau mutilé aux yeux brûlants abandonné dans une garrigue déserte me fera exister même si je ne peux l'exprimer par des mots

Dissimule-moi l'étoile
Dissimule-moi fort l'étoile
Demain peut-être aura un peu de courage

Lettre quatre : *Et puis, ce maudit jour, cette maudite matinée, cette maudite minute, on m'a téléphoné : tu étais morte. Quelqu'un avait déposé un sac suspect au pied du guichet devant lequel tu faisais la queue. Tu n'as pas été suffisamment rapide quand le garde a hurlé de sortir. Tu devines maintenant – ma vive – que je ne* *l'ignorais plus quand j'ai écrit la première lettre. Jamais je ne t'aurais quittée. Je suis parti, mais je ne t'ai pas quittée. Mon amour.*

Tout cela, je ne te l'ai pas dit quand il était encore temps.

Mon interlocuteur m'a appris, après une hésitation, que c'était ton visage qui avait le plus pris. Et que le reste du corps était à peu près intact.

Le soleil bout, bout, bout. Bientôt il sera cuit. Mais quel Dieu mangera le soleil de ma douleur ?

Bordonove Georges
Vercingétorix

Borgella Catherine
Marion du Faouët, brigande et rebelle

Botton Alain de
Petite philosophie de l'amour
Comment Proust peut changer votre vie
Le plaisir de souffrir
Portrait d'une jeune fille anglaise

Boudard Alphonse
Mourir d'enfance
L'étrange Monsieur Joseph

Boulgakov Mikhaïl
Le Maître et Marguerite
La garde blanche

Boulle Pierre
L'épreuve des hommes blancs
La planète des singes
L'énergie du désespoir

Bourdin Françoise
L'homme de leur vie

Bourin Jeanne/Deforges Régine
Entre femmes

Bové José
Le monde n'est pas une marchandise

Bragance Anne
Anibal
Le chagrin des Resslingen

Brialy Jean-Claude
Le ruisseau des singes

Buigues Bernard
Sur la piste du mammouth

Burgess Anthony
L'orange mécanique
Le testament de l'orange
L'homme de Nazareth

Burnham-Schwartz
Au bout de la route

Buron Nicole de
Chéri, tu m'écoutes ?
Mon cœur, tu penses à quoi ?

Buzzati Dino
Le désert des Tartares
Le K
Un amour

Carlier Guy
Splendeurs et misères du petit écran

Carr Caleb
L'aliéniste
L'ange des ténèbres
Le diable blanc

Carrière Jean
L'épervier de Maheux
Achigan
L'indifférence des étoiles

Carrière Jean-Claude
La controverse de Valladolid
Le Mahabharata
La paix des braves
Simon le mage
Le cercle des menteurs
Entretiens sur la fin des temps
Le vin bourru

Cesbron Gilbert
Il est minuit, docteur Schweitzer

Chambon Michael
Les loups-garous dans leur jeunesse

Chang Jung
Les cygnes sauvages

Chalon Jean
Le lumineux destin d'Alexandra David-Néel
Chère Marie-Antoinette
Journal de Paris 1963-1983
Journal d'Espagne 1973-1998

Charrière Henri
Papillon

Chateaureynaud G.-O.
Le congrès de fantomologie
La faculté des songes

Chatrier Jean-Philippe
Les deux moitiés du ciel

Chazal Claire
L'institutrice
À quoi bon souffrir ?

Chiarello Fanny
Si encore l'amour durait, je dis pas

Chimo
J'ai peur
Lila dit ça

Chirac Bernadette
Conversation

Cholodenko Marc
Le roi des fées

Chouraqui Elie
La vie n'est qu'une ombre qui passe

Clavel Bernard
Le carcajou
Les colonnes du ciel
1. La saison des loups
2. La lumière du lac
3. La femme de guerre
4. Marie Bon Pain
5. Compagnons du Nouveau Monde

La grande patience
1. La maison des autres
2. Celui qui voulait voir la mer
3. Le cœur des vivants
4. Les fruits de l'hiver

Jésus, le fils du charpentier
Malataverne
Lettre à un képi blanc
Le soleil des morts
Le seigneur du fleuve
L'espagnol
Le tambour du bief
Les petits bonheurs
Cargo pour l'enfer
Le Royaume du Nord
1. Harricana
2. L'or de la terre
3. Miserere
4. Amarok
5. L'angélus du soir
6. Maudits sauvages

Le cavalier du baïkal

Clavecerie Agnès
Les brûlures d'août

Coignard Sophie
L'omerta française

Cleary Thomas
Les secrets de la méditation

Collet Anne
Danse avec les baleines

Comte-Sponville André/
Ferry Luc
La sagesse des Modernes

Condé Maryse
Ségou
1. Les murailles de la terre
2. La terre en miettes

La colonie du Nouveau Monde
Désirada
La migration des cœurs
Le cœur à rire et à pleurer
La vie scélérate

Cooney Eleonor
La révolte des lettres

Cornaille Didier
L'héritage de Ludovic Grollier

Courrière Yves
Joseph Kessel

Cousteau Jacques-Yves
L'homme, la pieuvre et l'orchidée
La lampe de sagesse

Daix Georges
Dictionnaire des Saints

Dalaï-Lama
Samsara
Le monde du bouddhisme tibétain
Guérir la violence
La voie de la félicité
Puissance de la compassion

Daniel Antoine B.
Inca
1. Princesse du Soleil
2. L'or de Cuzco
3. La lumière du Machu Picchu

Decaux Alain
L'abdication
C'était le xxe siècle
1. De la Belle Époque aux années folles
2. La course à l'abîme
3. La Guerre absolue
4. De Staline à Kennedy
Histoires extraordinaires
Nouvelles histoires extraordinaires
Tapis rouge

Degroote Annie
Les filles du Houtland

Deniau Jean-François
La Désirade
Mémoires de 7 vies
1. Les temps nouveaux
2. Croire et oser
Histoires de courage

Desjardins Arnaud
Pour une vie réussie, un amour réussi

Deviers-Joncour Christine
Opération bravo

Dorin Françoise
Les julottes

Dugain Marc
Campagne anglaise

Ecole de Brive
Un jour de bonheur

Evangelisti Valerio
Le mystère de l'inquisiteur Eymerich
Le roman de Nostradamus
1. Le présage
2. Le piège
3. Le précipice

Evans Nicholas
L'homme qui murmurait à l'oreille des chevaux
Le cercle des loups

Faulks Sebastian
Charlotte Gray

Fergus Jim
Mille femmes blanches

Filipović Zlata
Le journal de Zlata

Fitzgerald Scott
Un diamant gros comme le Ritz

Forester Cecil Scott
Aspirant de marine
Trésor de guerre
Retour à bon port
Pavillon haut
Le seigneur de la mer

France Anatole
Crainquebille
L'île des pingouins

Franck Dan, Vautrin Jean
Les aventures de Boro
La dame de Berlin
Le temps des cerises
Les noces de Guernica
Mademoiselle Chat

Fremy Fabrice
Le mystère de la source

Gallo Max
Napoléon
1. Le chant du départ
2. Le soleil d'Austerlitz
3. L'empereur des rois
4. L'immortel de Sainte-Hélène
La Baie des Anges
1. La Baie des Anges
2. Le Palais des fêtes
3. La Promenade des Anglais
De Gaulle
1. L'appel du destin
2. La solitude du combattant

3. Le premier des Français
4. La statue du commandeur

Bleu, Blanc, Rouge
1. Mariella
2. Mathilde
3. Sarah

GAYLE MIKE
Mr Commitment

GENEVOIX MAURICE
Beau François
Bestiaire sans oubli
La forêt perdue
Le jardin dans l'île
La Loire, Agnès et les garçons

GIROUD FRANÇOISE
Alma Mahler
Jenny Marx
Cœur de tigre
Cosima la sublime

GISCARD D'ESTAING VALÉRY
Les Français, réflexion sur le destin d'un peuple

GRÈCE MICHEL DE
Le dernier sultan
L'envers du soleil – Louis XIV
La femme sacrée
Le palais des larmes
La Bouboulina
L'impératrice des adieux
La nuit blanche de Saint-Pétersbourg

GUEDJ COLETTE
Le baiser papillon

HALIMI GISÈLE
Fritna
Le lait de l'oranger

HAMILTON JANE
La carte du monde

HAMPATE BA AMADOU
Il n'y a pas de petite querelle

HÉBRARD FRÉDÉRIQUE
Esther Mazel

HENNEZEL MARIE DE
Nous ne nous sommes pas dit au revoir

HERMARY-VIEILLE CATHERINE
Un amour fou
Lola
L'initié
L'ange noir

HIRIGOYEN MARIE-FRANCE
Le harcèlement moral

HOFMANN CORINNE
La Mossaï blanche

JACQ CHRISTIAN
L'affaire Toutankhamon
Champollion l'Égyptien
Maître Hiram et le roi Salomon
Pour l'amour de Philae

Le Juge d'Égypte
1. La pyramide assassinée
2. La loi du désert
3. La justice du Vizir

La reine soleil
Barrage sur le Nil
Le moine et le vénérable
Sagesse égyptienne

Ramsès
1. Le fils de la lumière
2. Le temple des millions d'années
3. La bataille de Kadesh
4. La dame d'Abou Simbel
5. Sous l'acacia d'Occident

Les Égyptiennes
Le pharaon noir
Le petit Champollion illustré

La pierre de lumière
1. Néfer le silencieux
2. La femme sage
3. Paneb l'ardent
4. La place de vérité (*à paraître*)

JANICOT STÉPHANIE
Les Matriochkas

JOYCE JAMES
Les gens de Dublin

Kafka Franz
Le château
Le procès

Kaufmann Jean-Claude
Le cœur à l'ouvrage
Corps de femmes, regards d'hommes
La femme seule et le Prince charmant

Kazantzaki Nikos
Alexis Zorba
La dernière tentation du Christ
Lettre au Greco

Kennedy Douglas
L'homme qui voulait vivre sa vie
Les désarrois de Ned Allen

Kessel Joseph
L'armée des ombres
Le coup de grâce
Pour l'honneur

Keyes Marion
Les vacances de Rachel

Kubler-Ross Elizabeth
« Accueillir la mort »

Lacarrière Jacques
Un jardin pour mémoire

Lainé Pascal
Anaïs Mue

Lamb Wally
La puissance des vaincus

Lamy Michel
Les Templiers

Lapierre Alexandra
L'absent
La lionne du boulevard
Fanny Stevenson
Artemisia

Lapierre Dominique
La cité de la joie
Plus grands que l'amour
Mille soleils

Lapierre Dominique et Collins Larry
Cette nuit la liberté
Le cinquième cavalier
Ô Jérusalem
... ou tu porteras mon deuil
Paris brûle-t-il ?

Lê Linda
Les trois Parques

Lelouch Claude
Itinéraire d'un enfant très gâté

Lesueur Véronique
Nous, les infirmières

Levi Primo
Si c'est un homme

Lewis Roy
Le dernier roi socialiste
Pourquoi j'ai mangé mon père

Loti Pierre
Pêcheur d'Islande

Lucas Barbara
Infirmière aux portes de la mort

Mc Court Franck
C'est comment l'Amérique ?

Mc Garry Morris Mary
Fiona Rouge

Mailer Norman
L'Évangile selon le fils

Mallet-Joris Françoise
La maison dont le chien est fou
Le rempart des Béguines
Sept démons dans la ville

Manfredi Valerio
Alexandre le Grand
1. Le fils du songe
2. Les sables d'Ammon
3. Les confins du monde
La tour de la solitude

Marson Pascale
Le guide des religions et de leurs fêtes

Mauriac François
Le sagouin

Michelet Claude
Les défricheurs d'éternité

Michener James A.
Alaska
1. La citadelle de glace
2. La ceinture de feu
Mexique

Milovanoff Jean-Pierre
La splendeur d'Antonia
Le maître des paons
Russe blanc
Presque un manège

Mimouni Rachid
De la barbarie en général et de l'intégrisme en particulier
Le fleuve détourné
Une peine à vivre
Tombéza
La malédiction
Le printemps n'en sera que plus beau
Chroniques de Tanger

Miquel Pierre
Le chemin des Dames

Mitchard Jacquelyn
Plus que tout au monde

Mitterrand Frédéric
Les aigles foudroyés
Destins d'étoiles
Lettres d'amour en Somalie
Mémoires d'exil
Un jour dans le siècle

Moggach Deborah
Le peintre des vanités

Monnier Alain
Côté jardin

Montaigne Tania de
Patch

Monteilhet Hubert
Néropolis

Montupet Janine
La dentellière d'Alençon
La jeune amante
Un goût de miel et de bonheur sauvage
Dans un grand vent de fleurs
Bal au palais Darelli
Couleurs de paradis
La jeune fille et la citadelle
Quatre saisons parmi les fleurs

Morgièvre Richard
Fausto
Sex vox dominam
Cueille le jour
Ma vie folle

Murray Simon
Légionnaire

Nakagami Kenji
Mille ans de plaisir

Naudin Pierre
Cycle d'Ogier d'Argouges
1. Les lions diffamés
2. Le granit et le feu
3. Les fleurs d'acier
4. La fête écarlate
5. Les noces de fer
6. Le jour des reines
7. L'épervier de feu

Tristan de Castelreng
Les amants de Brignais
Le poursuivant d'amour

Nin Anaïs
Henry et June (Carnets secrets)

O'Brian Patrick
Maître à bord
Capitaine de vaisseau
Le port de la trahison
La « Surprise »
L'île de la Désolation
La citadelle de la Baltique
Expédition à l'île Maurice
Mission en mer Ionienne

De l'autre côté du monde
Le revers de la médaille

OCKRENT CHRISTINE
L'Europe racontée à mon fils
La double vie de Hillary Clinton

ORBAN CHRISTINE
Une folie amoureuse
Une année amoureuse de Virginia Woolf
L'âme sœur
L'attente
J'étais l'origine du monde

PARISIS JEAN-MARC
Depuis toute la vie

PEARS IAIN
Le cercle de la croix

PEREC GEORGES
Les choses

PERIER JEAN-MARIE
Enfant gâté

PERRIN ERIC
Vidocq

PEYRAMAURE MICHEL
Henri IV
1. L'enfant roi de Navarre
2. Ralliez-vous à mon panache blanc !
3. Les amours, les passions et la gloire

Lavalette, grenadier d'Égypte
Suzanne Valadon
1. Les escaliers de Montmartre
2. Le temps des ivresses

Jeanne d'Arc
1. Et Dieu donnera la victoire
2. La couronne de feu

PICARD BERTRAND, BRIAN JONES
Le tour du monde en 20 jours

PICCAMIGLIO ROBERT
Chroniques des années d'usine

PILHES RENÉ-VICTOR
La jusquiame

PINEAU-VALENCIENNE VALÉRIE
Une cicatrice dans la tête

PRÉVOST DANIEL
Un couple de notre temps

PRÉVOST GUILLAUME
Les sept crimes de Rome

PUJADE-RENAUD CLAUDE et ZIMMERMAN D.
Septuor

PURVES LIBBY
Comment ne pas élever des enfants parfaits
Comment ne pas être une mère parfaite
Comment ne pas être une famille parfaite

QUEFFELEC YANN
La femme sous l'horizon
Le maître des chimères
Prends garde au loup
La menace
Noir animal

RAMSTER JOHN
Le choix de Simon

REVEL JEAN-FRANÇOIS
Mémoires
La grande parade
Fin du siècle des ombres

REVOL NICOLAS
Sale prof !

REY FRANÇOISE
La femme de papier
La rencontre
Nuits d'encre
Marcel facteur
Le désir
La brûlure de la neige

REYNAERT FRANÇOIS
Nos années vaches folles

RICE ANNE
Les infortunes de la Belle au bois dormant
1. L'initiation

2. La punition
3. La libération

Rifkin Jeremy
Le siècle biotech

Rivard Adeline
Bernard Clavel, qui êtes-vous ?

Robert Denis
Le bonheur

Roberts Monty
L'homme qui sait parler aux chevaux

Rouanet Marie
Nous les filles
La marche lente des glaciers
Les enfants du bagne

Rougier Stan
Dieu écrit droit avec des lignes courbes

Ruquier Laurent
Vu à la télé

Sagan Françoise
Aimez-vous Brahms…
… et toute ma sympathie
Bonjour tristesse
La chamade
Le chien couchant
Dans un mois, dans un an
Les faux-fuyants
Le garde du cœur
La laisse
Les merveilleux nuages
Musiques de scènes
Répliques
Sarah Bernhardt
Un certain sourire
Un orage immobile
Un piano dans l'herbe
Un profil perdu
Un chagrin de passage
Les violons parfois
Le lit défait
Un peu de soleil dans l'eau froide
Des bleus à l'âme
Le miroir égaré
Derrière l'épaule...

Saint-Exupéry Consuelo de
Mémoires de la rose

Salinger Jerome-David
L'attrape-cœur
Nouvelles

San-Antonio
Napoléon Pommier

Sarraute Claude
Des hommes en général et des femmes en particulier
C'est pas bientôt fini !
Dis, est-ce que tu m'aimes ?

Saumont Annie
Après
Les voilà quel bonheur
Embrassons-nous
Noir comme d'habitude

Schimmel Betty
Jamais je ne t'oublierai

Smith Wilbur
L'œil du faucon

Soumy Jean-Guy
Les moissons délaissées

Sparks Nicholas
Une bouteille à la mer

Steinberg Paul
Chroniques d'ailleurs

Stocker Bram
Dracula

Strout Elizabeth
Amy et Isabelle

Tartt Donna
Le maître des illusions

Thibaux Jean-Michel
Pour comprendre l'Égypte ancienne
Pour comprendre les celtes et les gaulois
Pour comprendre la Rome antique
Le roman de Cléopâtre

Times Fortean
Un végétarien meurt assommé par un gigot surgelé

Thomas David
Girl

Troyat Henri
Les semailles et les moissons
1. Les semailles et les moissons
2. Amélie
3. La Grive
4. Tendre et violente Elisabeth
5. La rencontre

La ballerine de Saint-Pétersbourg
Anne V.
Jusqu'à plus soif

Valdés Zoé
Le néant quotidien
Sang bleu *suivi de* La sous-développée
La douleur du dollar
Café nostalgia

Van Grassdorff Gilles
L'enfant oublié du Tibet

Vanier Nicolas
L'odyssée blanche

Vanoyeke Violaine
Une mystérieuse Égyptienne
Le trésor de la reine-cobra

Vialatte Alexandre
Bananes de Königsberg
Chronique des grands micmacs
Dernières nouvelles de l'homme
L'éloge du homard et autres insectes utiles
Et c'est ainsi qu'Allah est grand

Villers Claude
Les grands aventuriers
Les grands voyageurs
Les voyageurs du rêve

Waltari Mika
Les amants de Byzance
Jean le Pérégrin

Weber Olivier
Le faucon afghan

Wells Rebecca
Les divins secrets des petites ya-ya

Wickham Madeleine
Un week-end entre amis
Une maison de rêve
La madone des enterrements

Wolf Isabel
Les tribulations de Tiffany Trott
Les mésaventures de Minty Malone

Wolfe Tom
Un homme, un vrai

Xénakis Françoise
« Désolée, mais ça ne se fait pas »

Xuan Thuan Trinh
L'infini dans la paume de la main

Yanne Jean
Dictionnaire des mots qu'il y a que moi qui les connaît

Achevé d'imprimer sur les presses de

BUSSIÈRE

GROUPE CPI

à Saint-Amand-Montrond (Cher)
en septembre 2002

POCKET - 12, avenue d'Italie - 75627 Paris Cedex 13
Tél. : 01-44-16-05-00

— N° d'imp. : 24647. —
Dépôt légal : septembre 2002.

Imprimé en France